Scheitert Europa?

Joschka Fischer

Scheitert Europa?

Kiepenheuer & Witsch

Verlag Kiepenheuer & Witsch, FSC® N001512

1. Auflage 2014

Umschlaggestaltung: Rudolf Linn, Köln
Autorenfoto: © Hans Christian Plambeck/laif
Gesetzt aus der Stempel Garamond
Satz: Buch-Werkstatt GmbH, Bad Aibling
Druck und Bindung: CPI books GmbH, Leck
ISBN 978-3-462-04623-6

Inhalt

Vorwort

Der Sommer des Jahres 2014 hat es in sich. Ausgerechnet in jenem Jahr, in dem sich der Beginn des Ersten Weltkriegs – der europäischen »Urkatastrophe« – zum hundertsten Male jährt, ballen sich erneut dunkle Wolken über Europa, Krieg und Desintegration bedrohen erneut den Kontinent: Russland ist zu einer neoimperialen Großmachtpolitik zurückgekehrt, überfällt einen kleineren Nachbarn und führt Krieg im Osten der Ukraine. Der Nahe Osten zerfällt, und Irak und Syrien, das zugleich furchtbar unter einem nicht enden wollenden Bürgerkrieg leidet, werden von den barbarischen Horden des »Islamischen Staates« überrannt. Amerika verharrt zögernd an der Seitenlinie, in der EU meldet sich bedrohlich die Wirtschaftskrise zurück, während im Innern der Europäischen Union ein Prozess der Renationalisierung mehr und mehr um sich greift.

Spätestens mit den Ergebnissen der Europawahl wurde doch offensichtlich, dass die von Deutschland durchgedrückte Spar- und Austeritätspolitik mitnichten die Wirtschaftskrise beendet und zu erneutem Wachstum geführt hat, sondern die Krise lediglich in den politischen Raum verlagert wurde. Es wird nur eine Frage von (nicht mehr allzu langer) Zeit sein, bis die Austeritätspolitik in den Krisenländern der EU die europäische Integration direkt gefährden wird.

Beide Krisen – die Finanz- wie die außenpolitische Sicherheitskrise – scheinen die EU von außen getroffen zu haben. Aber es wäre ein großer Irrtum, diese Krisen nur auf externe Ursachen zurückzuführen, ihnen liegen zugleich schwere innere Versäumnisse und Konstruktionsmängel des europäischen Einigungsprojekts zugrunde.

Nach der Währungsunion hat es Europa versäumt, in Richtung politische Union voranzuschreiten, viel zu lange hat sich die EU, vorneweg Deutschland, nach dem Ende des Kalten Krieges in der Illusion einer angeblichen »Friedensdividende« gewiegt und steht nun ratlos vor der Rückkehr von Krieg und Großmachtpolitik im Osten Europas.

Mit den bedrohlichen Krisen und der offensichtlichen Schwäche der EU kehrte auch die uralte Frage nach der politischen Integration Europas zurück, denn die Krisen erzwingen praktische Antworten auf die Frage, wie denn die Europäer ihre wirtschaftliche und politische Schwäche überwinden können. Lässt sich der Status quo stabilisieren? Ist die schlussendliche Antwort das *»Europa der Vaterländer«*, also eine lose *Konföderation*? Oder führt doch kein Weg an der vollen politischen Integration, einer echten *Föderation* mit einer entsprechenden Zentralisierung von Macht in Brüssel, also an den *Vereinigten Staaten von Europa,* vorbei? Und wenn ja, wie könnten diese Vereinigten Staaten von Europa aussehen, welche Rolle müssten die Nationalstaaten dabei spielen, wie könnte eine europäische Demokratie funktionieren?

Diesen Fragen wird in dem folgenden Essay nach-gegangen, Fragen, die nicht theoretischer Natur sind, sondern sich durch die dramatischen Krisen Europas ganz praktisch stellen. Sie werden durch politisches Handeln beantwortet werden müssen, soll nicht das gesamte europäische Projekt scheitern.

Und doch gibt es all die Zeit hindurch ein Mittel, das, würde es allgemein und spontan von der großen Mehrheit der Menschen in vielen Ländern angewendet, wie durch ein Wunder die ganze Szene veränderte und in wenigen Jahren ganz Europa, oder doch dessen größten Teil, so frei und glücklich machte, wie es die Schweiz heute ist. Welches ist dieses vorzügliche Heilmittel? Es ist die Neuschöpfung der europäischen Völkerfamilie, oder doch soviel davon, wie möglich ist, indem wir ihr eine Struktur geben, in welcher sie in Frieden, in Sicherheit und in Freiheit bestehen kann. Wir müssen eine Art Vereinigte Staaten von Europa errichten. ...

Die Völker müssen es nur wollen, und alle werden ihren Herzenswunsch erfüllen. Ich sage Ihnen jetzt etwas, das Sie erstaunen wird. Der erste Schritt zu einer Neuschöpfung der europäischen Völkerfamilie muss eine Partnerschaft zwischen Frankreich und Deutschland sein. Nur so kann Frankreich seine moralische und kulturelle Führerrolle in Europa wiedererlangen. Es gibt kein Wiederaufleben Europas ohne ein geistig großes Frankreich und ein geistig großes Deutschland. Wenn das Gefüge der Vereinigten Staaten von Europa gut und richtig gebaut wird, so wird die materielle Stärke eines

9

einzelnen Staates weniger wichtig sein. Kleine Nationen werden genauso viel zählen wie große, und sie werden sich ihren Rang durch ihren Beitrag für die gemeinsame Sache sichern. ...

Ich will nun die Aufgaben, die vor Ihnen stehen, zusammenfassen. Unser beständiges Ziel muss sein, die Vereinten Nationen aufzubauen und zu festigen. Unter- und innerhalb dieser weltumfassenden Konzeption müssen wir die europäische Völkerfamilie in einer regionalen Organisation neu zusammenfassen, die man vielleicht die Vereinigten Staaten von Europa nennen könnte. ...

Wenn zu Beginn nicht alle Staaten Europas der Union beitreten können oder wollen, so müssen wir trotzdem damit anfangen und diejenigen, die wollen, und diejenigen, die können, sammeln und zusammenführen. Die Errettung der Menschen aller Rassen und aller Länder aus Krieg und Knechtschaft muss auf soliden Grundlagen beruhen und garantiert werden durch die Bereitschaft aller Männer und Frauen, lieber zu sterben, als sich der Tyrannei zu unterwerfen. Bei all diesen dringenden Aufgaben müssen Frankreich und Deutschland zusammen die Führung übernehmen. ...

Darum sage ich Ihnen: Lassen Sie Europa entstehen!

Winston Churchill, Züricher Rede 1946

Der große Knall

Scheitert Europa? Diese Frage schien vor dem Jahr 2009 völlig realitätsfern zu sein, denn die EU war bis dahin ein über die Jahrzehnte hinweg fortdauerndes Erfolgsprojekt, das zwar jede Menge Schwierigkeiten und dann und wann auch Rückschläge zu bewältigen hatte – aber scheitern? Unmöglich! Warum? Weil die Europäer die Lektion aus ihrer an Tragödien so reichen Geschichte gelernt hätten, ein für alle Mal. So oder ähnlich lautete die gleichermaßen einfache wie überzeugende Antwort, und diese Feststellung galt bis zum Beginn der Weltfinanzkrise vor allem für uns Deutsche, auch wenn bei unseren Nachbarn, tief im Hinterkopf verborgen, immer ein Rest an Misstrauen gegenüber Deutschland, bedingt durch seine Geschichte, weiter fortbestand.

Seit dem 15. September 2008 aber ist diese scheinbar so unerschütterliche Gewissheit über den Erfolg des Projekts namens Europäische Union einer nagenden Ungewissheit über die Zukunft Europas und, damit untrennbar einhergehend, auch sofort wieder über die Rolle Deutschlands in Europa gewichen. Europa und die Europäer sind sich seitdem ihrer gemeinsamen Zukunft nicht mehr sicher, und die ominöse »deutsche Frage« – was und wo ist Deutschlands Rolle und Platz in Europa? – scheint aus dem Orkus der Geschichte wieder zurückgekehrt zu sein. Nicht nur das globale Finanzsystem stürzte damals in seine schwerste Krise seit 1929 und die Weltwirtschaft drohte in eine neue Weltwirtschaftskrise abzukippen, sondern es sollte gerade Europa sein, das sich plötzlich in einer bis heute anhaltenden tiefen Identitäts- und Existenzkrise wiederfand. Seitdem ist das bis dahin Undenkbare, die Gefahr des Scheiterns des gesamten europäischen Einigungsprojektes, sehr konkret geworden.

Warum? Die Weltfinanzkrise hatte doch alle Staaten – USA, China, Japan etc. – und Volkswirtschaften fast gleichermaßen schwer getroffen. Aber nur in Europa wuchs sich diese Krise zu einer politischen Existenzbedrohung aus. Bis heute hält die Finanz- und Wirtschaftskrise von 2008 die EU fest in ihrem Griff, vor allem im Süden der Union, während die USA sich bereits wieder darangemacht haben, diese hinter sich zu lassen. Auf der anderen Seite des Atlantiks sind die Finanzen mitnichten solider, die Wettbewerbsfähigkeit der Wirtschaft nicht wirklich so viel besser und die Volkswirtschaft insgesamt nicht so viel reicher, als dass sich daraus der so unterschiedliche Krisenverlauf zwischen Europa und dem Rest der Welt erklären ließe. Wie tief diese Krise tatsächlich ist – nicht die Krise des Euros, sondern die Krise des gesamten europäischen Projekts, wie es sich in mehr als fünf Jahrzehnten entwickelt hat –, lässt sich anhand der fast diametralen Veränderung der Sicht der Europäer auf ihr wichtigstes politisches und wirtschaftliches Projekt, die europäische Einheit, feststellen.

Diese Sicht hat sich in den vergangenen 20 Jahren grundlegend verändert – aus einer großen Hoffnung wurde ein Problem, ja mehr und mehr sogar eine Bedrohung. Blicken wir zurück: Als am 9. November 1989 die Mauer fiel, als dann nur ein knappes Jahr später, am 3. Oktober 1990, die deutsche Einheit Wirklichkeit wurde und schließlich erneut ein weiteres Jahr darauf während der Weihnachtstage 1991 die Sowjetunion aufhörte zu existieren und der fünfzigjährige Kalte Krieg zwischen Ost und West endgültig vorbei war, da gab es für die Europäer – vor allem für diejenigen, die in Ost- und Mitteleuropa noch nicht Mitglieder der EU waren – nur ein Ziel, nämlich in Zukunft unauflöslich dem Westen und nie wieder dem östlichen Lager anzugehören. Und das hieß für diese Staaten, so schnell wie möglich sicherheitspolitisch den Beitritt zum Nordatlantikpakt (NATO) mit seiner Sicherheitsgarantie durch die USA anzustreben und wirtschaftlich den Beitritt zur Europäischen Union (EU) mit ihrem Versprechen von Modernisierung, Wohlstand, Marktwirtschaft, Demokratie und Rechtsstaat, wobei das Wohlstands- gemeinsam mit dem Sicherheitsversprechen eindeutig an erster Stelle standen. Europa und seine Einheit waren damals für die übergroße Mehrheit der neuen und alten Europäer positive Begriffe, Ziele, für die es sich zu kämpfen lohnte, eine große Hoffnung, ein endlich Wirklichkeit werdender Tagtraum.

20 Jahre später scheint sich dieses Europa in sein genaues Gegenteil verkehrt zu haben, der Traum scheint

ausgeträumt zu sein. Seit 2009 wächst die Zahl der Europäer dramatisch an, die an Europa zweifeln, ja verzweifeln. Das Wohlstandsversprechen ist Enteignungsängsten im Norden und der wirtschaftlichen Dauermisere im Süden gewichen. Wo früher auf die schrittweise Vereinigung des Kontinents gehofft und von europäischer Solidarität gesprochen und entsprechend gehandelt wurde, ist heute eine neue Spaltung in Nord und Süd, Arm und Reich und eine wachsende Desolidarisierung getreten. Europa erscheint zunehmend als die Ursache der Übel, während die Nationalstaaten Vertrauen und Sicherheit bieten. Eine erneute Renationalisierung der Köpfe löst die Europäisierung unseres Kontinents mehr und mehr ab. Gerade unter den reicheren Nordeuropäern, denen es wirtschaftlich sehr viel besser geht als dem Süden, nimmt die Euroskepsis beständig zu – der Norden fürchtet die Enteignung durch den Süden, während sich der Süden im Stich gelassen und von den reichen Nordeuropäern verraten fühlt.

Begleitet wird dieser Prozess von einem Aufstieg radikaler antieuropäischer und fremdenfeindlicher Parteien in demokratischen Wahlen, während zugleich in Großbritannien eine Debatte um Bleiben oder Austreten des Landes aus der EU tobt. Europa und seine Einheit erscheint heute, im Jahr 2014, nicht mehr als ein großes, historisch einmaliges Versprechen, sondern als die Mutter aller Ursachen für eine nicht zu Ende gehende Misere, für eine Wirtschaftskrise mit über 50 Prozent Jugendarbeitslosigkeit an der europäischen Peripherie von Griechenland bis Irland. Was war geschehen? Vereinfacht und doch zutreffend lässt sich feststellen, dass die EU ganz offensichtlich nur für wirtschaftlich und politisch schönes Wetter gebaut war, nicht aber für historische Stürme oder sogar monströse Orkane. Und genau ein solcher hat Europa im Jahr 2009 mit seiner vollen Wucht getroffen.

Und wie immer bei solchen Orkanen begann es mit zuerst harmlos aussehenden Wölkchen und Wolken weit weg am transatlantischen Horizont, im fernen Amerika, die vordergründig mit Europa wenig bis nichts zu tun zu haben schienen. In den USA hatte seit 2007 eine gigantische Immobilienblase zu platzen begonnen, die tatsächlich nichts anderes war als ein riesiges Schneeballsystem, auf dem fast das gesamte Finanzsystem der USA (und, verknüpft mit diesem weltweit führenden Finanzmarkt, weiter Teile der Weltwirtschaft) beruhte, die Kreditwürdigkeit des Bundesstaates USA selbst war damit auf das Engste verbunden. Nahezu alle Großbanken standen Mitte September 2008, gewissermaßen über Nacht, vor dem Kollaps, und dies galt auch für das größte Versicherungsunternehmen des Landes und die beiden staatlichen Hypothekenabsicherer Fannie Mae und Freddie Mac, die für die weltweite Kreditwürdigkeit der USA unverzichtbar waren.

Der De-facto-Kollaps des US-Finanzsystems hatte, wie sich im weiteren Fortgang herausstellen sollte, direkt oder indirekt weitreichende Folgen, denn die USA waren nicht nur die einzige verbliebene Supermacht, sondern eben auch die größte und wichtigste Volkswirtschaft der Welt, die zudem eng verflochten war mit den großen europäischen Volkswirtschaften, vorneweg Großbritannien, Deutschland und Frankreich. Der Handel mit verbrieften Hypotheken und deren Versicherungen, denen faktisch kaum oder gar keine Sicherheiten gegenüberstanden, erwies sich jetzt in der Tat als jene »Massenvernichtungswaffe« für das gesamte Finanzsystem, als die sie der amerikanische Großinvestor Warren Buffett schon seit Längerem bezeichnet hatte.

Der große Knall ereignete sich dann am 14. September 2008, einem Sonntag. Im fernen New York und in Washington, D. C., ließen die Verantwortlichen der Regierung Bush und der amerikanischen Zentralbank die zahlungsunfähige Investmentbank *Lehman Brothers* pleitegehen. Ob die Akteure dieselbe Entscheidung nur wenige Tage später nochmals so getroffen hätten, darf mit guten Gründen bezweifelt werden, aber sie hatten sich an jenem Sonntag so entschieden und damit – unwissentlich und ungewollt – die Existenz der EU und vor allem der Europäischen Währungsunion infrage gestellt. Es war eben nicht nur eine amerikanische Krise, hinter ihr zeichnete sich bereits ihre europäische Schwester ab in Gestalt einer existenzbedrohenden Krise der Währungsunion und damit des gesamten Projekts Europa.

Freilich ahnte man an jenem schicksalsschweren Sonntag in den europäischen Hauptstädten noch kaum, welch ein Orkan da binnen weniger Tage über den Nordatlantik heranziehen sollte. Man hielt in den europäischen Regierungs- und Finanzzentralen zwar den Atem an, als am 15. September die Investmentbank *Lehman Brothers* Gläubigerschutz beantragen musste und in dessen Folge mit gewaltigen Verlusten in die Abwicklung ging. Aber erst als im Zuge der Lehman-Pleite das gesamte amerikanische Finanz- und Bankensystem zu kollabieren drohte und mit Hunderten von Milliarden Dollar an Steuergeldern und temporären weitreichenden Verstaatlichungen gerettet werden musste, dämmerte manchen Verantwortlichen der Ernst und das Ausmaß dieser Krise. Es ging 2008 um nicht weniger als um ein zweites 1929, das Europa erneut mit in den Abgrund zu reißen drohte!

Es sollte aber noch geraume Zeit dauern, bevor die europäischen Regierungen begriffen, dass sie es mit wesentlich mehr zu tun hatten als mit den Auswirkungen einer von Amerika verursachten globalen Finanzkrise, die ein *in Amerika* zu lösendes Problem blieb. Diese Krise sei zuerst und vor allem ein amerikanisches Problem, so lautete damals die vorherrschende Meinung auf dieser Seite des Atlantiks und ganz besonders in Berlin, ein Problem, vor dem es sich zwar zu schützen gälte, das ansonsten aber durch die USA mittels fundamentaler Reformen ihres Finanzsystems gelöst werden müsste. Dass das Platzen der amerikanischen *Subprime*(minderwertige Hypotheken)-*Blase* aber ganz unmittelbar in eine die Existenz der Europäischen Union und damit des gesamten europäischen Einigungsprojekts bedrohende lang anhaltende Krise führen würde, war den wenigsten klar. Der damalige britische Premierminister und langjährige Finanzminister Gordon Brown berichtete Jahre später, dass während eines außerordentlichen Treffens der wichtigsten Staats- und Regierungschefs der Eurogruppe

(d. h. der EU-Mitglieder mit Eurowährung) in Paris im frühen Oktober 2008 dort die Meinung vorgeherrscht habe, dass es vor allem an den Amerikanern liege, diese Krise zu lösen. Offensichtlich waren sich die Kontinentaleuropäer der europäischen Dimension dieser Krise damals nicht bewusst. Der britische Premierminister konnte seine Kollegen nicht davon überzeugen, dass die Hälfte der Subprime-Papiere, die eben dabei waren, in die Luft zu fliegen, in Europa gelandet waren und dass die europäischen Banken stärker in diesen Papieren exponiert waren als die amerikanischen!

Selbst am 25. September 2009 – also ein Jahr nach Lehman! – war dies immer noch die Botschaft, die der damalige deutsche Finanzminister Peer Steinbrück (SPD) in seiner Regierungserklärung vor dem Deutschen Bundestag für die damals regierende Große Koalition unter Kanzlerin Angela Merkel den Parlamentariern und der Öffentlichkeit verkündete: Unser System ist gesund, das amerikanische aber ist bis in den Kern hinein krank – welch ein Irrtum! Denn während der Minister noch im deutschen Parlament sprach, konnte man bereits seine Frackschöße brennen sehen. Am 4. Oktober 2009 fanden in Griechenland Parlamentswahlen statt, die von der sozialistischen Opposition gewonnen wurden, und am 20. Oktober erklärte dann der neue Finanzminister der Regierung Papandreou, dass, anders als von der konservativen Vorgängerregierung behauptet, das Defizit für das Jahr 2009 nicht bei sechs Prozent, sondern irgendwo zwischen 12 und 13 Prozent liegen würde. Damit waren die EU-Konvergenzkriterien mehrfach überschritten worden.

Die Finanzmärkte, auf denen sich die Staaten mit ihren Schulden refinanzierten, wachten nun auf und realisierten, dass die Bonität der einzelnen Mitglieder im Euroraum mitnichten annähernd gleich war, wie man über viele Jahre hinweg angenommen hatte. In der Folge explodierten die Zinsen für Griechenland, sodass im Frühjahr 2010 dem Land die Zahlungsunfähigkeit und damit der Staatsbankrott drohte. Die Auswirkungen einer griechischen Zahlungsunfähigkeit auf deutsche, französische und britische Banken und damit auf die gesamte Eurogruppe wären allerdings unabsehbar gewesen, und insofern musste Griechenland durch seine Gläubiger aus dem europäischen Norden »gerettet« werden – in Wirklichkeit aber ging es um die Rettung der nordeuropäischen Banken und damit um das gesamte europäische Banken- und Finanzsystem. Der Bedarf an Steuergeldern war daher in der Eurogruppe ähnlich hoch wie in den USA, man müsste ehrlicherweise die europäische Bankenrettung, die sich hinter dem Etikett »Griechenland« verbirgt, als »Bankenrettung Teil II« bezeichnen, wenn man die US-amerikanische Bankenrettung als Teil I deklariert. Mit den griechischen Offenbarungen hatte die Krise nunmehr Europa voll erreicht und ihre ganz spezifische europäische Gestalt angenommen, die sie bis zum heutigen Tag beibehalten hat.

Zuvor drohte bereits Irland wegen des Platzens seiner Immobilienblase und der damit einhergehenden Krise seiner Banken im Strudel der Krise verschlungen zu werden, ebenso etwas später aus denselben Gründen Spanien. Beide Länder hatten allerdings, anders als

Griechenland, ihr Staatsdefizit über Jahre hinweg unter dem EU-Durchschnitt gehalten und wurden nicht der mangelnden Korrektheit bezichtigt. Auch Portugal musste sein Defizit für das Jahr 2009 nach oben auf acht Prozent korrigieren. Entsprechend steil stiegen die Zinsen für seine Schuldenrefinanzierung an, auch in diesem Fall drohte der Staatsbankrott.

Und schließlich traf die Krise Italien, die drittgrößte Volkswirtschaft in der Eurogruppe, deren Staatsverschuldung nach Griechenland die zweithöchste im Euroraum war. Auch im Falle Italien reagierten die Finanzmärkte mit drastisch steigenden Zinsen, selbst wenn das Land mit Griechenland überhaupt nicht vergleichbar war, denn es war sehr reich an Vermögenswerten, verfügte über eine wesentlich stärkere Volkswirtschaft und teilweise über sehr gut funktionierende staatliche Institutionen (das Amt des Staatspräsidenten, die Banca d' Italia, der Auswärtige Dienst, die Sicherheitsbehörden etc.). Zudem wurde der größte Teil der Staatsschuld vor allem durch Italiener selbst gehalten. Aber das Land hatte ein massives politisches »Managementproblem«, das sich zwar am Namen des damaligen Regierungschefs Silvio Berlusconi festmachte, gleichwohl erheblich darüber hinausreichte und weite Teile der politischen Klasse unter Einschluss der Opposition umfasste. In einem allgemeinen Klima des Misstrauens an den Finanzmärkten erwiesen sich diese seit Langem bestehenden politischen Defizite und die traditionellerweise hohe Staatsverschuldung des Landes als ein Mühlstein am Hals der italienischen Kreditwürdigkeit. Italien war aber schlicht zu groß für

Rettungsmaßnahmen von außen, es musste sein Managementproblem selbst lösen. Damit wurde die europäische Finanzkrise definitiv zu einer politischen, es waren die Finanzmärkte, die Berlusconi stürzten.

Die globale Finanzkrise legte zudem nicht nur die monetären und wirtschaftlichen, sondern sehr viel mehr noch die politischen Unterschiede innerhalb der EU und vor allem in der Eurogruppe offen und spitzte diese in der Folge weiter erheblich zu. Bereits seit der ersten Erweiterung der EU, der sogenannten »Norderweiterung« um Dänemark, Großbritannien und Irland im Jahr 1973, hatte sich die damalige Europäische Gemeinschaft (EG) von einem »Europa der einen Geschwindigkeit« in der ursprünglichen Sechsergruppe der Europäischen Wirtschaftsgemeinschaft (EWG) zu einem »Europa der unterschiedlichen Geschwindigkeiten« entwickelt, und dieser Trend zu unterschiedlichen Geschwindigkeiten sollte sich mit jeder Erweiterungsrunde und jedem weiteren Integrationsschritt verstärken.

Der Höhepunkt dieser Entwicklung wurde mit dem Vertrag von Maastricht und der Bildung der Europäischen Wirtschafts- und Währungsunion 1992 erreicht, der am 1. November 1993 in Kraft trat. Damit hatte sich eine Mehrheit der damaligen EU-Mitgliedstaaten für einen echten und damit weitreichenden Schritt der Souveränitätsübertragung entschieden, nämlich die Übertragung der Währungshoheit auf eine europäische Institution in Gestalt der neu geschaffenen *Europäischen Zentralbank (EZB)*, aber es waren eben nicht alle, sondern nur die Mehrheit der Mitgliedstaaten. Großbritannien, Dänemark und Schweden machten nicht mit. Und mit diesem Schritt des Zusammenfügens der bisher nationalen Währungssouveränitäten mit einer gemeinsamen Währung namens Euro machte diese Gruppe im Rahmen der EU einen qualitativen Sprung nach vorn in der europäischen Integration, der alle anderen Mitgliedstaaten außerhalb der Eurogruppe weit hinter sich ließ.

Fortan würden diejenigen Mitgliedstaaten, die der Eurogruppe innerhalb der EU angehörten, sehr viel mehr voneinander abhängen, als dies für deren Nichtmitglieder galt, ja das Schicksal der gesamten EU würde faktisch vom Erfolg oder Misserfolg der Eurogruppe bestimmt werden. An die Stelle des bisherigen Modells der unterschiedlichen Geschwindigkeiten trat eine neue, qualitative Zweiteilung von *Vorhut* (*Avantgarde*) und *Nachhut*, d. h., es ging im europäischen Integrationsprozess fortan nicht mehr nur um unterschiedliche Geschwindigkeiten, sondern vor allem um unterschiedliche Abhängigkeiten, Funktionen, Gewichte und Zielsetzungen. Auch diese Tatsache brachte die Krise Europas schonungslos an den Tag, denn die Zukunft der gesamten EU und des europäischen Integrationsprojekts wird tatsächlich innerhalb der Eurogruppe entschieden und nirgendwo sonst. Wie sehr alle anderen EU-Mitglieder vom Schicksal des Euro abhängen, macht gerade ein Besuch in London klar, denn das zukünftige Schicksal dieses weltweiten Finanzzentrums im euroskeptischen Großbritannien hängt mehr von dem Erfolg oder Misserfolg des Euro ab als von der nationalen Währung, dem britischen Pfund.

»Europa scheitert, wenn der Euro scheitert«, sagte Bundeskanzlerin Angela Merkel am 27. Februar 2012 im Deutschen Bundestag. Völlig zu Recht hatte sie damit die neue Wirklichkeit innerhalb der EU auf den Punkt gebracht. Ob sie sich allerdings über die weitreichenden Konsequenzen dieser Feststellung im Klaren war und ist, darf angesichts der Erfahrungen mit ihrer Politik bezweifelt werden.

Als die Währungsunion gebildet wurde, war allen Beteiligten klar, dass zwischen den daran beteiligten nationalen Volkswirtschaften große Unterschiede bestanden. Da eine gemeinsame Regierung nicht machbar war, entwickelte man in den verbleibenden Jahren bis zur Einführung des Euro gewissermaßen als Ersatz einen sogenannten »Konvergenzmechanismus«: Dieser bestand aus im Vertrag festgeschriebenen verbindlichen makroökonomischen Kriterien, die zu erfüllen waren, um überhaupt Mitglied im Euro werden zu können. Der Vertrag erklärte neben der Preis-, der Wechselkurs- und der Zinsstabilität eine jährliche Obergrenze für die Neuverschuldung von drei Prozent des Bruttoinlandsprodukts (BIP) sowie eine Gesamtschuldenobergrenze von maximal 60 Prozent des BIP für verbindlich. Diese Regelung sollte, gemeinsam mit der vertraglich festgeschriebenen Unabhängigkeit der Europäischen Zentralbank und ihrer primären Verpflichtung auf die Geldwertstabilität, zugleich auch den Streit zwischen den beiden unterschiedlichen Philosophien und Traditionen innerhalb der kommenden Währungsunion entscheiden. Deutschland setzte auf eine vor allem in der Zinspolitik politisch unabhängig agierende, auf Geldwertstabilität verpflichtete Zentralbank mit einer harten Währung, während in Frankreich Zentralbank und Zins- und Währungspolitik als das begriffen wurden, was sie im Grunde genommen sind, nämlich als Politik. Auch in dieser wesentlichen Frage der Rolle der neuen Europäischen Zentralbank teilte sich der Süden und der Norden Europas, angeführt jeweils von Frankreich und Deutschland, auch hier zeigte sich der innere Zwang zum Ausgleich zwischen den sehr verschiedenen monetären Traditionen und Kulturen innerhalb Europas und ganz besonders innerhalb der Währungsunion. Daran hat sich bis heute nicht sehr viel geändert.

Die EU-Kommission sollte die Einhaltung dieser Kriterien überwachen, und sie konnte im Falle von Verstößen gegen diese Kriterien erhebliche Strafzahlungen gegen Mitgliedstaaten der Eurogruppe beim Europäischen Rat beantragen, der allerdings mit qualifizierter Mehrheit zustimmen musste. Damit war die Drohung der Bestrafung allerdings mehr ein politisches Signal als eine harte Bestrafungsmaßnahme. Durch diesen Konvergenzmechanismus sollten die Haushaltsdisziplin in allen Mitgliedstaaten durchgesetzt, Ungleichgewichte beseitigt und eine schrittweise Angleichung von Wirtschaft und Finanzen erreicht werden.

Der Euro wurde 1999 als Buchgeld eingeführt und ab dem 1. Januar 2002 dann auch als Bargeld. Insgesamt funktionierte die europäische Währung über eine Dekade hinweg recht gut (und tut dies, allein unter Währungsgesichtspunkten wie Inflationsrate und Außenwert, trotz anhaltender Wirtschaftskrise in der europäischen Peripherie bis auf den heutigen Tag). Diese

Dekade war allerdings überwiegend eine Schönwetterperiode der Weltwirtschaft mit hohen wirtschaftlichen Wachstumsraten und scheinbar unerschöpflichen Reserven an billigem Geld, und insofern konnte man in dieser Zeit nicht von einem echten Härtetest für die neue europäische Währung sprechen. Was aber während dieser Zeit im Euroraum niemals wirklich funktioniert hat, war eine nachhaltige realwirtschaftliche Konvergenz unter den beteiligten Volkswirtschaften, denn viele wirtschaftliche Erfolge in den Mitgliedstaaten der Eurogruppe in jener Zeit wurden, wie man dann nach 2009 feststellen musste, vor allem durch die Bildung wirtschaftlicher Blasen und hoher öffentlicher oder privater Verschuldung mit dem damals reichlich vorhandenen billigen Geld ermöglicht.

Zugleich schuf der Euro aber auch eine Art neuer Arbeitsteilung zwischen den beteiligten Volkswirtschaften. Der Süden setzte verstärkt auf Importe, angetrieben durch das billige Geld aus dem Norden, und deindustrialisierte seine eh schon schwache Industriestruktur, während der Norden exportierte und seine industrielle Basis ausbaute. Der Norden nutzte seine Exportüberschüsse aus dem Süden zur Refinanzierung weiterer Exporte dorthin mittels billiger öffentlicher und privater Kredite, mit denen die Konsumenten des Südens die Produkte des Nordens auf Pump kauften, und alle waren zufrieden. Im Märchen hätte es dann weiter geheißen: »Und wenn sie nicht gestorben sind, dann machen sie das heute noch immer so«, aber wir sind hier eben nicht in einem europäischen Märchen, es kam auch nicht die böse Hexe, sondern die Krise von 2008.

In der Eurogruppe entwickelten sich vielmehr Ungleichgewichte, wie man sie durchaus auch von den nationalen Volkswirtschaften her kannte, denn nicht alle Regionen in einem Wirtschaftsraum entwickeln sich gleichmäßig. In der Regel wurden und werden solche ungleichen Entwicklungen aber durch direkte oder indirekte Transfers der unterschiedlichsten Art seitens der politischen Zentrale und durch Wanderungsbewegungen der Arbeitskräfte ausgeglichen, die Konstruktion von Maastricht ließ aber solche Lösungen nicht zu, da diese einen festen politischen Rahmen mit einer gemeinsamen Fiskal- und Sozialpolitik vorausgesetzt hätten – sprich: einen gemeinsamen Staat.

Zugleich waren den Krisenstaaten durch die Währungsunion die beiden Instrumente, die souveränen Staaten in solchen Momenten der Krise zur Verfügung stehen, genommen worden, nämlich die innere Abwertung ihrer nationalen Währung durch Inflation oder die Abwertung nach außen im Verhältnis zu anderen Währungen, sodass ihnen als Mittel nationaler Krisenbekämpfung nur noch der Weg in die gewollte Deflation blieb, d.h. eine Senkung der öffentlichen Ausgaben unter Einschluss der Renten und Pensionen und der Löhne und Preise. So war der tiefe Absturz in eine lang anhaltende Wirtschaftskrise vorprogrammiert, bei gleichzeitiger Explosion des Anteils der Altschulden der betroffenen Volkswirtschaften am Bruttoinlandsprodukt wegen deren dramatisch abnehmender Wirtschaftsleistung. Damit aber sind diese Länder in einer Abwärtsspirale ihrer Verschuldung gefangen, denn je mehr sie sich mit dem Sparen anstrengen, desto höher steigt die Last der Altschulden. Ohne eine gemeinsame Altschuldenlösung der Eurogruppe auf einer langen Zeitachse – ein innenpolitisches Anathema in Deutschland! – werden sie dieser Falle nicht entkommen können.

Die Geschichtsvergessenheit Deutschlands ist dabei besonders erstaunlich, denn gerade der Wiederaufstieg der Bundesrepublik (West) nach dem Zweiten Weltkrieg war nicht nur mit dem Marshallplan, sondern vor allem mit einem großen Schuldenschnitt auf der *Londoner Schuldenkonferenz* von 1952 in Bezug auf die von der Bundesrepublik übernommenen offenen Auslandsschulden des Deutschen Reiches verknüpft. Ohne diese damalige Entschuldung hätte die junge Bundesrepublik ihre internationale Kreditwürdigkeit und damit den Zugang zu den Finanzmärkten nicht wiedererlangt. Fast noch wichtiger war, anders als nach dem Ersten Weltkrieg, der de facto völlige Reparationsverzicht seitens der ehemaligen westlichen Kriegsgegner, indem diese Frage auf einen späteren Friedensvertrag und damit faktisch auf den Sankt-Nimmerleins-Tag vertagt wurde, den es, wie der Name schon sagt, niemals geben sollte, auch nicht in den Verhandlungen zum 2+4-Vertrag mit den ehemaligen Hauptsiegermächten 1990, der die deutsche Einheit ermöglichte. Ohne diese massive Entlastung mittels des Londoner Schuldenabkommens und dem faktischen Reparationsverzicht wäre die junge Bundesrepublik nicht wieder auf die Beine gekommen, und auch vom westdeutschen Wirtschaftswunder hätte man dann wohl nichts gehört. Populär war diese Großzügigkeit in den nationalen Öffentlichkeiten der ehemaligen Kriegsgegner gegenüber dem früheren Nazideutschland, das Europa im Zweiten Weltkrieg verheert und ausgesaugt hatte, ganz gewiss nicht. Sicherlich spielten die Interessen im Kalten Krieg eine wichtige Rolle, aber die Siegermächte sahen ihren Abschreibungsbedarf und ihre Großzügigkeit gegenüber dem besiegten (West-)Deutschland auch als notwendige Kosten der Reintegration der Bundesrepublik in den Westen und damit in eine stabile neue westeuropäische Ordnung an. Die westlichen Siegermächte hatten ihre Lektion aus dem Vertrag von Versailles ganz offensichtlich gelernt und waren nicht gewillt, dessen Fehler zu wiederholen. Warum erinnert sich aber in Deutschland heute kaum noch jemand an diese Zeit und die damalige Weitsicht der Siegermächte? Es ist unsere eigene Geschichte, wir könnten daraus für unseren Umgang mit der europäischen Gegenwart und der deutschen Rolle sehr viel lernen.

Doch zurück zur aktuellen europäischen Krise. Von europäischer Solidarität war keine Rede mehr, fortan herrschte der Zwang zum Sparen, dem Süden vom reichen Norden verordnet, und die Krisenstaaten wurden unter das Kuratel einer perspektivlosen Austeritätspolitik gezwungen, die dort, was kaum verwundern kann, als Bestrafungsaktion durch den reichen Norden (sprich: Deutschland) wahrgenommen wurde.

Die politische Integration war im Vertrag von Maastricht nicht gewollt worden, man vertraute stattdessen auf die papierene Konstruktion gemeinsamer Regeln, deren Anwendung zur wirtschaftlichen Konvergenz im Euroraum führen sollten. Dies erwies sich als die große politische Illusion des Vertrags von Maastricht, denn er wich der notwendigen Vergemeinschaftung von politischer Macht – sprich: Zentralisierung – aus, welche eigentlich unabweisbar war, wenn die Währungsunion gelingen und von Bestand sein sollte. Die damalige Haltung der Mitgliedstaaten, vorneweg die beiden, um die es in Europa vor allem geht, nämlich Deutschland und Frankreich, gilt im Grundsatz noch heute. Europa hat die Logik von Maastricht, die in das anhaltende Debakel führte – Verpflichtungen auf dem Papier anstatt echte Zentralisierung von Macht –, mitnichten hinter sich gelassen.

In der Ära billigen und reichlichen Geldes konnte dieses fehlende politische Fundament der Währungsunion zehn Jahre lang übertüncht werden, aber als dann, ab Herbst 2008, das Geld knapp und teuer wurde, traten diese schweren Konstruktionsmängel umso krasser zutage. Statt ökonomischer Konvergenz stand die Europäische Währungsunion plötzlich vor einem massiven *Verteilungskonflikt* zwischen Nord und Süd, darauf waren weder die Bürger noch die Institutionen von Union und Mitgliedstaaten vorbereitet. Und es ist genau dieser Verteilungskonflikt, der die Renationalisierung Europas von unten her befördert, weil er den Populisten und Antieuropäern im Norden wie im Süden der EU eine wunderbare Plattform für ihre Agitation um Macht und Mehrheiten bietet.

Die globale Finanzkrise hat Europa keineswegs schwerer getroffen als andere Wirtschaftsräume rund um den Globus. Und dennoch unterscheidet sich die europäische Variante dieser globalen Krise von derselben Krise in den USA, China, Japan und wo auch immer fundamental. Dort waren es allein die nationalen Auswirkungen der Weltfinanzkrise, die zählten, und die Krise blieb eine Finanz- und Wirtschaftskrise, die zwar politische Auswirkungen hatte, aber zu keiner politischen Systemkrise wurde. In Europa aber erschütterte dieselbe Finanzkrise fast von Anfang an die gesamte Konstruktion der EU in ihrem Kern und wurde so existenzbedrohend. Die europäische Krise ist nur dem äußeren Anschein nach eine Wirtschafts- und Finanzkrise, sie wurde zur politischen Krise, weil es hier an der notwendigen Staatlichkeit zur Stabilisierung der Währungsunion fehlte und fehlt. Alle mit Europa vergleichbaren Volkswirtschaften sind politisch voll ausgebildete *Staaten,* nicht aber die Europäische Union. Nur sie allein ist noch ein *work in progress,* ein politisch unfertiger Prozess, oder, um die positive Seite zu sehen, etwas historisch völlig Neues und bisher nicht Dagewesenes, nämlich der freiwillige Zusammenschluss souveräner Staaten zu einer größeren Einheit, der sich gerade irgendwo zwischen *Staatenbund* und *Bundesstaat* bewegte, als die Krise über Europa hereinbrach. Teile der EU sind politisch schon vergemeinschaftet, andere und darunter sehr wichtige wie die innere und äußere Sicherheit, die Fiskal- und Sozialpolitik und vor allem das Budgetrecht liegen noch in nationalstaatlicher Souveränität. Was die Krise der EU so existenziell bedrohlich macht, ist ihr unfertiger Charakter. Deshalb wird das Projekt Europa nicht durch eine Finanzkrise bedroht, vielmehr durch eine *Krise der Souveränität,* d.h. der Machtverteilung zwischen den Mitgliedstaaten und der EU. Die Finanzkrise war nur der Auslöser jener sehr viel tiefer gehenden politischen Souveränitätskrise.

Und wie immer, wenn der auf Integration und Gemeinschaftsmethode gründende europäische Einigungsprozess in eine tiefe Krise gerät oder einen schweren Rückschlag zu erleiden hat, wie nach dem Scheitern des Verfassungsvertrags bei den Volksabstimmungen in Frankreich und den Niederlanden im Frühjahr 2005, melden sich auch diesmal wieder jene integrationsskeptischen Stimmen (meistens aus England, aber nicht nur von dort), die einen Stopp einer weiteren Integration unter Hinweis auf das Volksvotum verlangen und stattdessen fordern, die EU müsse endlich die Dinge »liefern«, die die Bürger überzeugen würden. Mehr Wettbewerbsfähigkeit, Bildung, Sicherheit, Bürgernähe etc. und selbstverständlich weniger Bürokratie und Integration. Aber diese Katze beißt sich in den Schwanz, und zwar sofort und immer wieder. Denn wie soll eine Organisation »liefern« können, deren Strukturen und Machtverteilung im Laufe vieler Jahre und einer stetig wachsenden Mitgliedschaft kontraproduktiv geworden sind? Und wenn jeder Versuch, dies zu ändern, am Veto eines oder mehrerer Mitgliedstaaten scheitert, weil dies zu mehr Integration und mehr Europa führen würde und deshalb abgelehnt werden müsse? Es ist nicht verwunderlich, dass die Europäische Union immer dort am besten funktioniert – keineswegs perfekt, aber dies gilt ebenso für die Nationalstaaten! –, wo sie voll integriert mittels gemeinsamer Institutionen handelt, die auch über die Macht verfügen – Binnenmarkt, Wettbe-

werb, Agrarmarkt und EZB? Sicher gibt es auch in diesen Bereichen an den einzelnen Politiken teils heftige
Kritik, aber das ist schlicht demokratische Normalität
angesichts unterschiedlicher Meinungen und Interessen. Der Vorwurf jedoch, nicht zu »liefern«, trifft dort
am wenigsten zu.

Es war nun keineswegs so, dass diese zentrale Frage
nach dem gemeinsamen Staat, nach der politischen
Union, bei der Gründung der Währungsunion keine
Rolle gespielt hätte, sondern die Beteiligten wie auch
die Öffentlichkeit waren sich dieses zentralen Kons-
truktionsmangels durchaus bewusst. Allerdings ging
man bei der Gründung der gemeinsamen europäischen
Währung davon aus, dass sich auch in diesem Fall die
über die Jahrzehnte hinweg vielfach erprobte europäische Methode bewähren würde, nach der man hier und
heute eben zuerst die Dinge anpacken und voranbrin-
gen würde, die gemeinsam machbar wären, und alle anderen Fragen würden dann im europäischen Geist gelöst werden, wenn sie sich später einmal stellen sollten.
Diese pragmatische Methode hatte die EU seit den römischen Verträgen und trotz mannigfaltigster Widrigkeiten immer weiter vorangebracht, zumal es einen
dieser Entwicklung zugrunde liegenden, gewissermaßen »historischen Konsens« gab, nämlich trotz aller
unterschiedlichen Auffassungen und politischen Kulturen die Einheit Europas Schritt für Schritt zu vollenden. Der Weg und die Geschwindigkeit waren zwar
unbestimmt, weil von den Widrigkeiten der Realität
und den Zufällen der Politik abhängig, die Richtung
aber war immer klar gewesen. Und diese Feststellung

galt vor allem für Deutschland, das nach den Katastrophen des 20. Jahrhunderts seine Zukunft in der Vollendung der europäischen Integration sah und seine wirtschaftliche und politische Stärke für dieses historische Ziel über alle Regierungswechsel hinweg unbeirrt eingesetzt hatte. Zudem schien die europäische Integration eine positive Antwort auf die Widersprüche der deutschen Mittellage in Europa zu sein, die zu Recht als eine der wesentlichen Ursachen für das Scheitern der ersten deutschen Nationalstaatsbildung nach 1871 angesehen wurde. Genau an diesem Punkt sollte es dann allerdings zu Beginn der europäischen Krise den entscheidenden Bruch in der deutschen Europapolitik geben, denn die alte Methode des schrittweisen Fortschritts zur Vollendung der europäischen Integration galt nach der Wiedererlangung der deutschen Einheit und bei einer jüngeren Generation, die nunmehr an die Schalthebel der Macht gelangt war, plötzlich nicht mehr. Die europäische Integrationstradition und damit auch die in der Vergangenheit so erfolgreiche Methode war offensichtlich zusammengebrochen.

Es war vor allem Deutschland, das diesen Bruch nicht nur zugelassen, sondern regelrecht betrieben hatte. Es macht die Sache zwar nicht wirklich besser, aber offensichtlich haben zu Beginn der globalen Finanzkrise weder die politischen Akteure noch die Öffentlichkeit die historische Tragweite der damals getroffenen Entscheidungen für die EU wirklich begriffen. Diese wurde sichtbar auf den beiden Treffen in Paris am 4. und 12. Oktober 2008. Zuerst trafen sich die vier Staats- und Regierungschefs von Frankreich, das damals die EU-Präsidentschaft innehatte, Deutschland, Großbritannien und Italien und am 12. Oktober 2008 dann die Staats- und Regierungschefs der Eurogruppe unter Einschluss des nicht zu dieser Gruppe gehörenden britischen Premierministers Gordon Brown. Frankreich und andere Mitgliedstaaten wollten einen europäischen Fonds, aber Berlin machte klar, das dieser mit Deutschland nicht zu machen wäre. Unter anderem verdächtigte man in Berlin Nicolas Sarkozy, den französischen Haushalt mit deutschem Geld via EU-Rettungsfonds sanieren so wollen, ein Verdacht, der sicher nicht nur auf einer deutschen Finanzparanoia beruhte. Und so setzte Deutschland die Entscheidung durch, dass es zu keiner gemeinschaftlichen Krisenbekämpfung unter dem Einsatz der nationalen Ressourcen kam, sondern dass lediglich »abgestimmt« vorgegangen werden sollte. Die politische und finanzielle Krisenbewältigung würde jedoch in nationaler Verantwortung bleiben. Mit dieser Entscheidung wurde die gemeinschaftliche Verantwortung der Eurogruppe in der Finanzkrise ad acta gelegt. Dieser nur scheinbar kleine Schritt – in Wirklichkeit war es der Bruch mit aller bisherigen deutschen Europapolitik und der Beginn der Renationalisierung der EU! – sollte bis auf den heutigen Tag sehr weitreichende Folgen haben.

Europa erinnerte im Herbst 2008 an eine Reisegesellschaft, die beim Überqueren eines Flusses von einer gewaltigen Flutwelle überrascht wurde und blitzschnell entscheiden musste, ob sie zurückschwimmen sollte an das Ufer, von dem sie aufgebrochen war, ob sie unter Aufbietung aller Kräfte versuchen sollte, dort zu bleiben, wo sie sich gerade befand, oder ob sie versuchen sollte, das angestrebte andere Ufer zu erreichen. Die erste Option hätte das Aus für den Euro bedeutet, welches ein Ende der europäischen Idee inklusive des gemeinsamen Marktes und damit die definitive Renationalisierung Europas nach sich gezogen hätte, ein historisches Scheitern also. Die zweite Option würde auf die Verteidigung des Status quo hinauslaufen. Faktisch würde diese Option mit einer Erschöpfung der Kräfte der Währungsunion enden und zu einem langsamen Erlöschen der Idee der Integration Europas führen und würde deshalb, zwar nicht schockhaft, sondern eher schleichend, ebenfalls in der Renationalisierung mit den bekannten Folgen enden. Und die dritte Option, unter Aufbietung aller Kräfte und so schnell wie möglich das andere Ufer zu erreichen, hätte nicht weniger bedeutet, als den Bau Europas politisch zu vollenden und in der kommenden Dekade den politischen Schritt von der *Europäischen Union* hin zu den *Vereinigten Staaten von Europa* zu machen. Diese Option erfordert allerdings Weitsicht, politischen Mut und innenpolitische Risikobereitschaft, politische Qualitäten, die heutzutage unter den gewählten Staats- und Regierungschefs der EU offensichtlich sehr dünn gesät sind.

Die Verteidigung des Status quo war eigentlich niemals eine realistische Option, da dessen Fundamente nicht belastbar waren. Unter dem Druck der Krise, der Finanzmärkte und einer zunehmend skeptischen europäischen Öffentlichkeit würden sich die Kräfte der Eurogruppe und ihr Vorrat an Solidarität sehr schnell erschöpfen. »Zurück oder voran« lautete also die damalige und lautet auch noch die heutige Alternative für die Europäer, und im Rückblick kann man die damalige Entscheidungsalternative noch sehr viel klarer erkennen: entweder Renationalisierung oder eine neue Stufe der Vergemeinschaftung in der Eurozone. Und diese neue Stufe der Vergemeinschaftung hätte tatsächlich geheißen, zusammen mit den notwendigen Strukturreformen in den Krisenländern eine gemeinsame Altschuldenregelung und auch – in der einen oder anderen Art – eine Schuldenvergemeinschaftung in Richtung Eurobonds anzugehen. Das aber war mit Angela Merkel nicht zu machen, zumindest nicht direkt, und zwar überwiegend aus innenpolitischen Gründen. Die Kanzlerin wollte weiter Wahlen gewinnen und scheute deshalb wie der Teufel das Weihwasser jedes europäische Risiko. Sie entschied sich daher für den Status quo, d. h. ein Strampeln auf der Stelle, allerdings mit festem Blick auf das andere, neue Ufer.

Dass sie dann später dennoch insgeheim einer Art von Schuldenvergemeinschaftung durch die Hintertür über Mario Draghi und die EZB zustimmte, und zwar dem Ankauf von Staatsanleihen der Krisenländer durch die Europäische Zentralbank auf dem Sekundärmarkt, weil ansonsten der Euro gescheitert wäre, entbehrt nicht einer gewissen Ironie. Aber Frankfurt/M. war weit genug weg von Berlin, und die Kanzlerin wurde dafür in der deutschen Öffentlichkeit nicht haftbar gemacht. Dies wird so bleiben, es sei denn, die von Deutschland eingegangenen Verpflichtungen würden fällig werden und zu realen Zahlungen oder Abschrei-

bungen führen. Und genau deshalb wird jede Bundes-
regierung alles Notwendige zur Stabilisierung des Euro
tun, um exakt diesen Fall zu verhindern. Leider aber
auch kaum mehr.

Diese »Schuldenvergemeinschaftung durch die Hintertür« bedeutete aber keineswegs eine grundsätzliche
Trendwende in der deutschen Politik, sondern wurde
durch die Finanzmärkte und die drohende Desintegration der Eurogruppe erzwungen. Zugleich aber blieb
die deutsche Politik der Krisenbekämpfung und damit
auch die deutsche Europapolitik insgesamt in einem tiefen und auf Dauer nicht durchhaltbaren Widerspruch
gefangen: Deutschland will einerseits den Euro erhalten – kein Mitglied der Gemeinschaftswährung darf
pleitegehen oder aus der Währungsunion herausgebro-
chen werden –, da es zu Recht in einem solchen Fall die
politischen und ökonomischen Konsequenzen eines
Scheiterns des europäischen Projekts insgesamt fürchtet, das an erster Stelle gerade Deutschland schwer treffen würde. Zugleich aber möchte Deutschland die sich
aus dieser Grundsatzentscheidung ergebenden Schritte
nicht konsequent tun und keine ernsthafte Rettungs-
politik für den Euro im Geist der weiteren europäischen Integration betreiben. Und so beschränkt man
sich in Berlin eben auf das Allernotwendigste, damit
die Gemeinschaftswährung erhalten bleibt. Die Rechnung für diese deutsche Verweigerungshaltung be-
zahlten fürs Erste die Länder der Peripherie mit einer
massiven Wirtschaftskrise und dramatischer Massen-
arbeitslosigkeit, auf mittlere Sicht jedoch erwächst daraus eine echte Bedrohung für das gesamte europäische

Projekt. Denn die deutsche Position stärkt überall in der EU die Kräfte der Renationalisierung und steht somit im Widerspruch zu den erklärten Zielen der bisherigen deutschen Europapolitik.

Einen solchen Bruch mit der europäischen Integrationstradition, gleich zu Beginn der schwersten globalen Finanz- und Wirtschaftskrise, welche die Welt seit 1929 erlebt hatte, konnte man sich 1992 während der Verhandlungen um den Vertrag von Maastricht beim besten Willen nicht vorstellen. Und hätte man mit einer solchen Krise damals gerechnet, so wäre die einhellige Antwort der wichtigsten politischen Akteure in Europa gewesen, dass genau für eine solche Krise und zur Verhinderung einer Wiederholung der für Europa und die Welt damals fatalen Konsequenzen der Weltwirtschaftskrise von 1929 die europäische Integration und auch die Währungsunion gebraucht würden. Eine europäische Krisenreaktion, die, ausgehend von Deutschland, zuerst und vor allem auf nationale und nicht gemeinschaftliche Anstrengungen setzen würde, war jenseits der damaligen Vorstellungswelt.

Mit der Entscheidung im Spätherbst 2008, die Krisenreaktion der Eurogruppe nicht zu europäisieren, sondern in nationaler Verantwortung zu belassen, wurde die innere Logik der europäischen Integration in ihr genaues Gegenteil verkehrt. Diese beruhte bis dahin auf einer bewussten Abkehr von dem seit dem Ende des Dreißigjährigen Krieges bestehenden europäischen Staatensystem, das auf dem (immer prekären) Gleichgewicht der Mächte beruhte, das jegliche Hegemonie einer einzigen Macht in Europa, gegebenenfalls auch durch Krieg, verhindern sollte. Und dieses System hatte bis zu seinem Untergang in der Katastrophe des Jahres 1945 bestanden, über die Jahrhunderte hinweg hatten die antihegemonialen Instinkte der Europäer eher den Untergang als die Akzeptanz der kontinentalen Hegemonie einer europäischen Macht vorgezogen – seien es nun die Spanier, die Franzosen oder die Deutschen gewesen. Dieses System endete 1945 in der Zweiteilung Europas unter der Herrschaft zweier nicht europäischer Weltmächte, nämlich der USA und Russlands.

An die Stelle des alten Systems im Schatten des Kalten Krieges und unter amerikanischer Aufsicht trat in Westeuropa das neue Prinzip des friedlichen Interessenausgleichs mittels Integration in gemeinsamen Institutionen, ein Ausgleich zwischen großen und kleinen, reichen und schwachen Mitgliedsländern und nicht die Vorherrschaft (sprich: Hegemonie) des stärksten Staates auf dem europäischen Kontinent. In der Finanzkrise wurde diese Logik des Ausgleichs von Interessen und deren Integration in den europäischen Strukturen nun durch die *Herrschaft der Gläubiger über die Schuldner* abgelöst. Fortan hatten die Gläubigerstaaten das Sagen, d.h. die Mitgliedstaaten mit anhaltenden Exportüberschüssen und ihrem sich daraus ergebenden hohen Bedarf an Kapitalexport, und so dominierte logischerweise das wirtschaftlich stärkste Mitgliedsland mit seinen Interessen und seiner Innenpolitik bis hin zum nationalen Verfassungsgericht, und das war Deutschland.

Dadurch aber wurde und wird faktisch die gesamte europäische Konstruktion infrage gestellt, denn diese war ja im Wesentlichen geschaffen worden, um jenen beunruhigenden, manchmal auch gefährlichen Riesen in der Mitte des europäischen Kontinents namens Deutschland einzubinden und seine Kräfte und Ambitionen für die europäische Integration und damit für den dauerhaften Frieden in einer neuen europäischen Staatenordnung nutzbar zu machen. Das ganze Vorhaben namens EU sollte ein *europäisches Deutschland* ermöglichen, aber seit dem Herbst 2008 schien dieses Ziel durch die heraufziehende Realität eines *deutschen Europas* abgelöst zu werden. Gewiss, dieser fundamentale Wechsel war von Deutschland niemals bewusst angestrebt worden oder gar Ausdruck einer gezielten Politik, sondern ausschließlich aus der Not der Finanzkrise geboren. Und viele politisch Verantwortliche in Berlin werden diese These von einem deutschen Europa in der Öffentlichkeit immer noch nachdrücklich bestreiten, auch wenn es sich hinter verschlossenen Türen etwas anders anhört. Dennoch: Niemand unter den ernst zu nehmenden politischen Kräften in Deutschland wollte und will eine solche strategische, ja historische Kehrtwende – noch nicht. Objektiv hat sie dennoch stattgefunden und wird als Politik weiter betrieben.

Es ist erstaunlich, wie schnell, nämlich bereits zwei Jahrzehnte nach der zweiten deutschen Einigung, Deutschland und Europa von dem alten Widerspruch der deutschen Mittellage wieder eingeholt wurden: *Deutschland ist und bleibt zu groß für Europa und zu klein für die Welt,* zu klein für eine eigenständige weltpolitische (im heutigen Fall *weltwirtschaftliche*) Rolle. In Berlin ahnt man allenthalben die Wiederkehr dieses alten nationalen Dilemmas, weiß aber nicht, wie ihm zu begegnen wäre, oder falls man es weiß, traut man sich nicht, dieses Wissen auszusprechen, weil man die Risiken und innenpolitischen Konsequenzen fürchtet. Und so versucht man das eigene Unbehagen mit trotziger rhetorischer Entschlossenheit in Richtung Europa zu überspielen. An dieser Haltung sieht man auch, wie sehr sich die Politik Deutschlands unter dem Druck der Krise und dem Wechsel der Generationen verändert hat, denn weder ein Helmut Kohl noch ein Helmut Schmidt hätten so unentschlossen und rückwärtsgewandt auf diese europäische Großkrise reagiert. Beide hätten Deutschlands Stärke dafür zu nutzen versucht, aus der europäischen Krise eine europäische Chance zu machen und eine neue Stufe der Vergemeinschaftung durchzusetzen. Das Gegenteil aber ist geschehen. Ist also die alte deutsche Frage in neuem Gewande wieder da? Hat sich Richard von Weizsäcker geirrt mit seinem Satz, dass die deutsche Frage so lange offen bliebe, wie das Brandenburger Tor geschlossen wäre? Oder werden am Ende gar die Skeptiker recht behalten, an ihrer Spitze die verstorbene frühere britische Premierministerin Margret Thatcher, die 1989/90 immer behauptet hatten, dass das Gegenteil richtig wäre und dass mit der Öffnung des Brandenburger Tors die deutsche Frage für Europa wieder zurückkommen würde? Vermutlich liegt auch in dieser Frage die Wahrheit in der Mitte.

Eine gemeinsame europäische Antwort auf die Krise, die sie zur Chance und nicht zum Sprengsatz für die Währungsunion und die gesamte EU gemacht hätte, hätte allerdings ein Maß an staatsmännischer oder -fraulicher visionärer Kraft bei gleichzeitiger pragmatischer Durchsetzungsfähigkeit erfordert, das beim politischen Personal in allen europäischen Ländern und in allen ernsthaften politischen Parteien ganz offensichtlich nicht vorhanden war. Deshalb enthüllte die europäische Großkrise nicht zuletzt auch eine massive Führungskrise Europas, die nicht unerheblich zu der anhaltenden Misere der EU beigetragen hat und beiträgt. Auch in der Personalfrage steht Europa aufgrund seines unfertigen Charakters eben vor ganz anderen Herausforderungen als z. B. die USA, denn die europäische Einheit ist ein historisches Projekt und lässt sich mit Pragmatismus und einer Politik der kleinen Schritte allein nicht bewältigen.

Die europäische Krise ist also auf das Engste mit dem unfertigen Charakter der EU verbunden und wird aufgrund der immer weiteren Vertagung der notwendigen gemeinsamen Schritte zunehmend zu einer politischen Krise werden. Ohne eine Einigung auf einen visionären Entwurf der nächsten Stufe der Integration, zumindest in der Eurogruppe, wird diese Krise auch nicht verschwinden, da ansonsten die Gründe der inhärenten europäischen Instabilität bestehen bleiben. Es mag sogar einen kleinen Aufschwung in den Krisenstaaten geben, wenn dort die Wirtschaftskrise ihren Tiefstpunkt erreicht hat und durch die äußeren Rahmenbedingungen kein neuer Schock ausgelöst wird, aber dieser Befund ändert nichts an der Fortdauer der Ursachen der inhärenten Instabilität in der Eurogruppe und damit der europäischen Krise.

Neben dem subjektiven Faktor der Qualität der

politischen Führung gibt es allerdings noch zwei objektive Faktoren, die von Beginn an eine gemeinsame europäische Krisenreaktion erschwert haben: Griechenland und Deutschland. Griechenland eignete sich hervorragend als Sündenbock im reichen Norden, da das kleine Land, sagen wir es diplomatisch, über eine nicht gerade verantwortlich handelnde politische und wirtschaftliche Elite verfügte. Hinzu kamen sehr schwache wirtschaftliche und politisch-administrative Strukturen wie das Fehlen einer einigermaßen funktionierenden Steuerbehörde und eine Regierung, die es mit ihren Berichtspflichten und vor allem mit den nach Brüssel gemeldeten Zahlen über den Schuldenstand und die jährliche Neuverschuldung offensichtlich nicht immer sehr genau genommen hat. Nach einem solch langen Sündenregister, das ganz entscheidend zu der Misere des Landes beigetragen hatte, sollte nun Griechenland, das war die Wahrnehmung vor allem in Deutschland, mit gutem Geld aus dem reichen europäischen Norden vor dem Staatsbankrott bewahrt und herausgekauft werden? Freilich wurde die naheliegende nächste Frage nicht mehr gestellt, wer denn und warum eigentlich Griechenland diese Kredite gegeben hatte? Und weshalb vor allem nordeuropäische Banken in Griechenland so stark exponiert waren?

Es geriet angesichts der moralischen Empörung über Griechenlands kreative Buchführung im Staatshaushalt nur allzu leicht in Vergessenheit, dass die große, weltweite Party um die Jahrhundertwende herum keineswegs von Griechenland allein auf Kredit gefeiert wurde, sondern willige Banker aus Europas Norden unter dem

Beifall ihrer Aufsichtsgremien diese über lange Zeit finanziert hatten, weil diese Kredite über einen längeren Zeitraum viel Geld in die Kassen der nordeuropäischen Banken gespült hatten, seien es nun private oder auch öffentliche Banken gewesen. Die nordeuropäischen Banken mussten nach dem Beginn der Krise vor dem Zusammenbruch durch Kredite und Garantiezusagen der Mitglieder der Eurogruppe an Griechenland gerettet werden, wobei die Griechen selbst keinen Euro davon sahen, sondern diese Finanzhilfen direkt in den Schuldendienst für die europäischen Banken flossen. Und es war keineswegs so, dass nur die betroffenen reichen Nordländer bezahlen mussten. Dies galt ebenso für Italien mit dem drittgrößten Anteil an diesen europäischen Notfallkrediten, obwohl sich das Land selbst in der Krise befand und seine Banken kaum in Griechenland exponiert waren, oder für die kleine Slowakei, deren jährliches Bruttosozialprodukt pro Kopf faktisch mehr oder weniger gleichauf mit dem Griechenlands lag.

Griechenland wurde im europäischen Norden zum Synonym für das Versagen der europäischen Krisenländer, obwohl es in Bezug auf die Ursachen und das Ausmaß ein Einzelfall war. Denn allen anderen konnte man diese moralisch getönten Vorwürfe nicht machen, aber durch Griechenland gelang es vor allem Deutschland, die Frage der Krisenbekämpfung zu einer moralischen Schuldfrage *aller* Krisenstaaten zu machen. Die von Deutschland mit dem Argument durchgesetzte Austeritätspolitik, ohne harten Zwang ändere sich nichts im europäischen Süden, gründete neben einer hochstrittigen ökonomischen Überzeugung, die nur allein unter deutschen Ökonomen mehrheitsfähig war – dass man sich aus einer tiefen Krise heraussparen kann, ohne in die Falle einer Deflation und der damit einhergehenden massiven Vergrößerung des Altschuldenberges zu geraten –, vor allem auf einem moralischen Bestrafungsgestus. Dass diese Austeritätspolitik im europäischen Süden nicht funktioniert, ist mittlerweile mit Händen zu greifen. Und dass nur die massive Intervention der EZB zugunsten der Krisenstaaten den Euro (und damit auch Deutschland!) gerettet hat und nicht die Austeritätspolitik, wird heute allseits anerkannt. Zwar soll Griechenland für das abgelaufene Haushaltsjahr 2013 vor Zinszahlungen sogar über ein Plus im Haushalt verfügen, zugleich aber ist die Arbeitslosigkeit und die soziale Verarmung gemeinsam mit den Altschulden gewaltig angewachsen, weil die Wirtschaftsleistung des Landes darniederliegt und das Problem trotz eines partiellen Schuldenschnitts nicht gelöst worden ist. Dennoch beeindruckt diese Sprache der Fakten in Deutschland so gut wie kaum jemanden, und man hält an dieser Politik fest, obwohl nachrechenbar ist, dass durch die Austeritätspolitik die Rechnung für Schuldner wie Gläubiger am Ende immer teurer werden wird.

Diese Blindheit gegenüber den Fakten und der moralische Bestrafungsgestus haben darüber hinaus zu einem fatalen Fehler in der Prioritätensetzung der Eurogruppe geführt, denn es war klar, dass es nach dem Beginn der Krise so nicht weitergehen konnte und Konsequenzen gezogen werden mussten. Zwei Prioritäten standen dabei miteinander im Konflikt: Was sollte zuerst angegangen werden, Schuldenabbau und Haushaltsausgleich oder Strukturreformen zur Verbesserung der Wettbewerbsfähigkeit? Der Schuldenabbau erhielt aus den bekannten moralischen Gründen Priorität, und das war ein großer Fehler, denn er zwang die betroffenen Länder und in deren Gefolge die ganze Eurozone in eine langfristige Stagnation mit geringem bis gar keinem Wachstum. Zudem wurde der Kern der Finanzkrise, die Überschuldung des privaten Bankensektors, nicht wirklich angepackt, und so wird man am Ende auf einem riesigen Berg von Altschulden sitzen bleiben. Genau dies ist die Lage der Eurogruppe zum Jahreswechsel 2013/14.

Dabei hätte es gerade Deutschland besser wissen müssen. Warum hatten wir (die damalige Regierung Schröder/Fischer) seit den Jahren 2002/03 gegen die Verschuldenskriterien von Maastricht verstoßen? Weil wir wussten – die Agenda 2010 war zu der Zeit bereits in Vorbereitung –, dass wir sehr harte Strukturreformen anpacken würden, die seit der deutschen Einheit und aufgrund der demografischen Veränderungen längst überfällig waren, um die Wettbewerbsfähigkeit Deutschlands wiederherzustellen. Dabei wussten wir, dass diese Reformen ein extrem hohes Risiko für die SPD und damit für den Fortbestand der rot-grünen Koalition in Berlin mit sich bringen würden und dass wir beides zur selben Zeit – Strukturreformen und Sparanstrengungen – nicht würden stemmen können. Wir hatten uns deshalb für die Priorität Strukturreformen entschieden, und dies war richtig und wird heute auch allgemein so gesehen. Warum mutete man dann aber ausgerechnet wirtschaftlich wesentlich schwächeren Volkswirtschaften, als es Deutschland damals gewesen ist, eine solche unmögliche Doppelanstrengung zu? Die Antwort findet sich allein in jenem Willen zum moralischen Bestrafungsgestus.

Den anderen Pol der europäischen Krise bildete Deutschland, in der es diese Krise tatsächlich nicht gab. Hierzulande wurde und wird zwar viel über die Krise geredet und gestritten, aber faktisch kannte Deutschland jenseits des scharfen Konjunktureinbruchs im Jahr 2009, bei dessen Überwindung der deutsche Sozialstaat und die Sozialpartnerschaft zwischen Arbeitgebern, Gewerkschaften und Staat ihre ganze Flexibilität und Kraft demonstriert haben, keine Krise. Ganz im Gegenteil geht es dem Land seit der Überwindung dieses wirtschaftlichen Einbruchs so gut wie noch nie seit der Gründung der Bundesrepublik. Es ist wirtschaftlich so stark wie noch nie und politisch so sicher wie noch nie in seiner gesamten Geschichte (zudem innenpolitisch eine stabile Demokratie) – in Deutschland trifft die tiefe Krise in der Eurozone auf keinen subjektiven Erfahrungshintergrund in der Bevölkerung, es gab und gibt sie nicht, die Krise. Hinzu gesellte sich die Erfahrung der 90er-Jahre, der Zeit nach der deutschen Einheit und jenem kurzen Einheitsboom, der aber sehr schnell wieder zusammengebrochen war. Mit dem 3. Oktober 1990 und dem Beitritt von 17 Millionen Ostdeutschen zur Bundesrepublik (West) wurde zwar ein historischer Traum Wirklichkeit, Deutschland war wieder in Freiheit vereint, aber zugleich war in jener Sekunde seiner staatsrechtlichen Vereinigung das

Land wesentlich ärmer und wirtschaftlich schwächer geworden und stand vor einem Berg riesiger Probleme. Es kam das Jahrzehnt, in dem Deutschland wirtschaftlich überall als der »kranke Mann Europas« bezeichnet wurde. Dabei waren es nicht nur die inneren Probleme der deutschen Einheit, die sehr schwer wogen und über die wenig nach außen gesprochen wurde, sondern mit dem Ende des Kalten Krieges hatte sich eine völlig neue Wirtschaftsgeografie direkt an der Ostgrenze Deutschlands eröffnet, begannen sich in Europa und zunehmend auch global die Wettbewerbsbedingungen fundamental zu verändern und wurden schmerzhafte Anpassungsprozesse, ja eine umfassende Restrukturierung von privater Wirtschaft und den Sozialsystemen wie auch eine Reform des Arbeitsmarktes unabweisbar. Zudem musste das Land viele seiner Strukturen grundsätzlich erneuern, auch und gerade wirtschaftlich, und Abschied nehmen von mancher lieb gewonnenen Tradition und vielen Besitzständen, aber bis es von dieser Einsicht zum Handeln kam, sollte es noch ein weiteres Jahrzehnt dauern.

Und man vergesse auch nicht, dass der Beitritt der DDR zur Bundesrepublik Deutschland der erste Schritt hin zur großen Osterweiterung der EU war – die östliche Grenze der EU wurde damals, am 3. Oktober 1990, von der Elbe an die deutsch-polnische Grenze an der Oder verschoben –, die ebenfalls alles andere als billig werden würde und faktisch den ersten großen Verteilungskampf innerhalb der sich abzeichnenden erweiterten EU auslösen sollte. Denn Deutschland, das in der Vergangenheit mit seiner Wirtschafts- und Finanzkraft viele der notwendigen europäischen Kompromisse finanziert und damit erst ermöglicht hatte, würde dies in Zukunft aufgrund der Doppelbelastung von deutscher Einheit und EU-Erweiterung und der tiefen strukturellen Krise der Wirtschaft des Landes nur noch eingeschränkt tun können.

Es ist genau die Erinnerung an jene Zeit, das Jahrzehnt etwa zwischen 1995 und 2005, als im Prozess der Wiedervereinigung Deutschlands der Gürtel enger geschnallt werden musste, die Löhne sanken, die Renten faktisch gekürzt wurden und der Arbeitsmarkt erheblich flexibilisiert werden musste, während alle anderen in der alten EU und in Amerika eine rauschende Party feierten, die die Sicht der meisten Deutschen auf die Krisenstaaten der Peripherie bis heute prägt. Von der großen Party hat Deutschland zwar nicht unerheblich profitiert, weil es gewissermaßen die Rolle des Partylieferanten spielte und so seine inneren Einheitsprobleme leichter bewältigen konnte als in einem negativen weltwirtschaftlichen Umfeld, aber es war keine Party, an der die Deutschen in ihrer großen Mehrheit teilgenommen hatten. Zurück blieb aus dieser Zeit die Frage: Warum machen es die Krisenländer nicht auch so, wie wir das damals taten? Die Frage ist gleichermaßen einfach wie einleuchtend, wohingegen die Antwort komplex ist und ausweichend wirkt: die dramatischen Unterschiede in der wirtschaftlichen Stärke, andere historische Voraussetzungen, ein sehr viel negativeres weltwirtschaftliches Umfeld, fehlende Bildungsvoraussetzungen. So lag in der deutschen Öffentlichkeit der Schluss nahe, dass es im europäischen Süden eben am Willen zur eigenen

Anstrengung mangele und stattdessen die Deutschen wieder einmal bezahlen sollten. Dass sie dies zwar tun müssten, aber vorneweg im eigenen Interesse, und dass sie dabei keineswegs allein waren, sondern es sich um eine solidarische Gemeinschaftsanstrengung *aller* Mitglieder der Währungsunion im gemeinsamen Interesse handelte, ging dabei unter.

Es war damals recht einfach, im reichen Norden der EU, vor allem in Deutschland, populistische Stimmungen gegen Griechenland zu mobilisieren und die umfassendere Faktenlage, die nicht nur einen Alleinschuldigen auf der Schuldnerseite zeigte, hintanzustellen. In dieser Phase der Krise kam es zu einem weiteren Versäumnis, das langfristige Auswirkungen auf die deutsche Innenpolitik und damit auch auf die Eurorettungspolitik haben sollte. In Zeiten einer Krise, welche die über Jahrzehnte hinweg geltenden Grundlagen erschütterte (ob tatsächlich oder auch nur vermeintlich, tat hierbei nichts zur Sache, denn allein die Wahrnehmung zählte in einem solchen Fall), ging es für die Bürger, aber auch für die Finanzmärkte vor allem um Orientierung. Wenn die Gegenwart schon so unsicher war, gab es dann wenigstens von der politischen Führung eine überzeugende Vision und Politik für die Zukunft? Wie wird diese aussehen, wie die Lösung der Krise? In welche Richtung will die Regierung gehen und was ist deren längerfristige Zielvorstellung? Von oben aber kam statt Orientierung im Wesentlichen Schweigen, d. h. eine Kombination aus der üblichen Europarhetorik, aus Beschwichtigung von Ängsten der Öffentlichkeit und pragmatischen kleinen Schritten, die durch den Krisendruck erzwungen wurden. Wobei nichts gegen kleine Schritte zu sagen ist, solange eine Strategie oder strategische Vision vorhanden ist. Fehlt diese allerdings, wie im vorliegenden Fall, dann wird eine solche »Politik der kleinen Schritte« in einem ziellosen, bestenfalls bloß defensiven Pragmatismus enden, der die Krisenursachen nicht wirklich angeht und somit auf mittlere Sicht eher zur Verschärfung der Krise als zu ihrer Lösung beiträgt.

Eine strategische Orientierung von Öffentlichkeit und Märkten fand nicht statt, was die deutsche Wählerschaft offensichtlich akzeptierte, aber dieses Schweigen hatte seinen politischen Preis. Denn es ließ in der deutschen Innenpolitik das Entstehen eines Vakuums zu, das mehr und mehr von europaskeptischen Stimmungen und politischen Strömungen und Kräften innerhalb des Regierungslagers und auch außerhalb ausgefüllt wurde. Die Regierung schuf sich also selbst die Zwänge und eingeengten Grenzen für ihre Handlungsfähigkeit, was sich auch darin ausdrückte, dass Angela Merkel bei wichtigen Entscheidungen für die Eurorettung im Deutschen Bundestag über keine eigene Mehrheit mehr innerhalb ihrer konservativ-liberalen Koalition ohne die Stimmen der Oppositionsparteien von SPD und Grünen verfügte. Und so endete man in der deutschen Eurorettungspolitik bei dem Vorrang der moralischen Schuldfrage statt bei einer wirksamen Lösung der Krise, bei moralisch begründeter Bestrafung statt einem gemeinsamen Weg Europas nach vorne. Auf Deutschland kam es in dieser Krise ganz entscheidend an, und mit dem Fortgang der Krise verschoben sich folglich die politischen Gewichte mehr und mehr weg von Brüssel und hin in Richtung Berlin und Frankfurt (EZB).

Die Kommission und das Europaparlament spielten bei der europäischen Krisenbekämpfung nur noch eine bürokratisch dienstbare Rolle (Kommission) oder mangels Haushaltssouveränität so gut wie keine Rolle mehr (Europaparlament). Allein noch die Zentralbank bildete faktisch das Gegengewicht zu Deutschland, wie sich anhand der Konflikte innerhalb des Zentralbankrats und der unglücklichen Rolle der deutschen Vertreter dort unschwer nachvollziehen lässt. Es ist nicht auszudenken, was innerhalb der Eurogruppe politisch los wäre, wenn auch noch der Zentralbankrat von Deutschland dominiert würde!

Aufgrund seiner wirtschaftlichen Stärke war in der Finanzkrise Deutschland zum letzten Garanten für die Bonität, ja das Überleben der europäischen Währung geworden und hatte folglich das entscheidende Sagen, gemeinsam mit der einzigen integrierten europäischen Institution und Hüterin der gemeinsamen Währungssouveränität, der Europäischen Zentralbank. Deutschland fand sich daher durch den Druck der Krise, ohne dies zu wollen, plötzlich in der Rolle eines *europäischen Hegemons* wieder, einer Rolle, die das Land seit der Gründung der Bundesrepublik Deutschland und aufgrund seiner historisch desaströsen Erfahrungen in der ersten Hälfte des 20. Jahrhunderts zu Recht immer gescheut hatte. Die deutsche Innenpolitik hat diese gravierende und gefährliche Veränderung in Deutschlands Rolle und Position in Europa seitdem nicht wirklich wahrgenommen, geschweige denn reflektiert oder gar versucht, eine politische Antwort darauf zu finden. Man glaubte in Berlin, man könne mit einer Politik des business as usual diese dramatische Veränderung übergehen, und wunderte sich ansonsten über die zunehmend negativen Äußerungen und antideutschen Emotionen von Freunden und Partnern in Europa. Ja mehr noch, Deutschland fühlt sich angesichts der Leistungen und vor allem Garantien, die es für die Krisenländer gebracht hatte und bringt, zunehmend ungerecht behandelt, weil es nicht begriff, dass es sich dabei um immer stärker werdende Widerstände gegen ein »deutsches Europa« handelte. Auch diese Entwicklung ist Teil der begonnenen Renationalisierung innerhalb der EU.

Damit aber war die deutsche Innenpolitik zum entscheidenden Faktor der Eurorettungspolitik geworden, und so haben dies auch Millionen von Bürgern in den Krisenstaaten empfunden: Der Eindruck hatte sich verfestigt, dass sie nicht mehr selbst in ihren nationalen Wahlen über ihr Schicksal entschieden, sondern fortan unter deutscher Vormundschaft stünden, polemisch überspitzt unter einem deutschen »Diktat«, d. h., ihr Schicksal würde von außen fremdbestimmt. Dass dieses Gefühl einerseits nachvollziehbar ist, andererseits aber keineswegs die ganze Wahrheit widerspiegelt, weil Deutschland kaum für die schweren und lang anhaltenden Versäumnisse der jeweiligen nationalen Regierungen verantwortlich gemacht werden kann, ändert aber nichts an dem Befund und seiner fatalen politischen Wirkung.

In Berlin und vielen deutschen Medien klagte man

laut über diese spezifische Form »europäischer (Un-) Dankbarkeit« und wunderte sich verärgert über die Wiederkehr antideutscher Emotionen bis hin zu jenen gleichermaßen abwegigen wie sattsam bekannten Nazivergleichen. Tatsächlich schlug durch diese Wiederkehr alter Vorurteile, die zwischen den europäischen Nationen im Überfluss vorhanden sind, die Renationalisierung der EU ihre ersten politisch öffentlichen Wellen, und man kann an dieser Entwicklung auch nachvollziehen, wie sehr demokratische Entscheidungsinstitutionen auf europäischer Ebene in dieser Krise fehlen, die über wirkliche Macht verfügen und unter den beteiligten Bürgern und Nationen eine gemeinsame *Legitimität* schaffen, die als Ausdruck europäischer Selbstund nicht als nationale Fremdbestimmung verstanden und akzeptiert wird.

Freilich, die Krise verfügte auch über ihre ganz eigene Dialektik oder List der Vernunft. Denn das Festhalten an einer »Politik der kleinen Schritte« und der damit einhergehende Verzicht auf eine längerfristige Integrationsvision als Teil des Auswegs aus der Krise führte dazu, dass die Eurogruppe den Zwängen der Finanzmärkte folgte. Sie handelt bis auf den heutigen Tag krisen- und nicht strategiegetrieben. Immer dann, wenn die Finanzmärkte die Eurogruppe wieder an den Rand des Abgrunds getrieben hatten und die Staats- und Regierungschefs in den gähnend schwarzen Abgrund blickten, wurde dann doch gehandelt, wenn auch meistens lediglich in einem kleinen Schritt. Allerdings galten dabei dann keinerlei Tabus mehr, die meistens deutschen Ursprungs waren: Bail-out-Verbot, keine Wirtschaftsregierung in der Eurogruppe, Verbot der Staatsfinanzierung durch die EZB, Entscheidungen des deutschen Verfassungsgerichts etc. Was ist aus all diesen Tabus geworden? Weg, verweht vom Wind der Krise und deren Handlungszwängen. Aber leider geschah dies immer zu spät, zu wenig entschlossen und zum teuersten Zeitpunkt für alle Beteiligten. Und das nannte sich dann eine »Strategie der kleinen Schritte«.

Und auch die EZB hat sich in diesen Jahren fundamental verändert. Vorbei war es mit dem Vorbild der Deutschen Bundesbank für die Europäische Zentralbank, wie ursprünglich von Deutschland erhofft. Heute ähnelt die Europäische Zentralbank mehr und mehr der amerikanischen FED oder der Bank of England, wobei sie über weitaus mehr politische Macht verfügt als diese beiden älteren Institutionen wegen der fehlenden politischen Institutionen. Und aus dieser Veränderung entstand der bereits oben erwähnte massive Konflikt zwischen der Mehrheit und den deutschen Vertretern im Zentralbankrat. Die aus deutscher Sicht bittere Wahrheit bleibt, dass, wäre die Mehrheit im Rat der Europäischen Zentralbank nicht Trichet oder Draghi gefolgt, sondern den deutschen Vertretern und der Bundesbank, der Euro heute wohl kaum mehr existieren dürfte. Dies ist eine Feststellung, die mir nicht leichtfällt, niederzuschreiben, aber es führt kein Weg an dieser deprimierenden Erkenntnis vorbei.

Erst Mario Draghis Zusage im Jahr 2012, die ganze Macht der EZB dafür einzusetzen, keinen Mitgliedstaat scheitern zu lassen, koste es, was es wolle, führte endlich mehrere Schritte von dem Abgrund weg, denn die Macht der EZB überstieg die der Finanzmärkte. Durch die Zwänge der Krise kam die EZB allerdings in eine Lage, die nicht von Dauer sein kann, denn faktisch agiert sie als eine Art *Ersatzregierung* der Eurogruppe, inklusive Gegengewicht zu Deutschland, was definitiv nicht ihre Aufgabe ist und sein kann. Wenn die Politik innerhalb der Eurogruppe nicht schnell und energisch nachzieht, so wird für die Eurogruppe aus dieser Überfrachtung der Rolle der EZB ein weiterer struktureller Instabilitätsfaktor entstehen. Allerdings spricht gegenwärtig wenig dafür, dass in absehbarer Zeit politisch gehandelt und die EZB entlastet werden wird, sondern alles spricht für das Festhalten der Politik am scheinbar bequemen Status quo. Das heißt erstens: weitermachen mit der gescheiterten Konstruktion von Maastricht für die Eurogruppe, die im Wesentlichen auf Grundsätzen und Selbstverpflichtungen beruht, plus harte Rettungsmechanismen wie dem Europäischen Stabilitätsmechanismus (ESM) für den Fall der Fälle der drohenden Zahlungsunfähigkeit eines Mitgliedstaates – quasi ein IWF für die Eurogruppe –, von denen allerdings alle wissen, dass sie aus wirtschaftlichen wie politischen Gründen nur für die kleineren Euromitglieder zur Anwendung kommen können und werden. Dazu kommt zweitens die neue Rolle der EZB als De-facto-Regierung der Eurogruppe, die sich allerdings fernab jeder demokratischen Legitimation bewegt. Dieser Punkt ist ein wirklicher Systembruch mit der gesamten Maastricht-Konstruktion der Währungsunion. Von Dauer kann diese Konstruktion allerdings kaum sein, vor allem nicht in widrigen ökonomischen und politischen Großwetterlagen.

Warum hat dann der Euro, trotz der schweren Fehler und der Verzagtheit der entscheidenden politischen Akteure und der überwiegenden negativen Erwartungshaltung der Finanzmärkte, dennoch überlebt? Die Antwort ist relativ einfach: weil es sich bei der europäischen Gemeinschaftswährung zuerst und vor allem um ein politisches und historisches und nicht um ein ökonomisches Projekt gehandelt hat und handelt. Rein funktional bedurfte es damals, im Übergang von den 80er- zu den 90er-Jahren, gar keines neuen europäischen Währungssystems, auch wenn schon damals die währungspolitische Dominanz der alten westdeutschen Bundesrepublik für Frankreich und einige andere Länder in der Union nur noch schwer erträglich war, weil sie trotz der damals noch existierenden Abwertungsmöglichkeiten um ihre währungspolitische und wirtschaftspolitische Souveränität fürchteten. Dennoch, rein funktional und nicht politisch gesehen, hatten die Europäer ihre verschiedenen nationalen Währungen, die D-Mark Westdeutschlands war die regionale Leit- und Reservewährung für Westeuropa, reguliert durch die deutsche Gesetzgebung und überwacht durch die Deutsche Bundesbank. Wechselkurse innerhalb des europäischen Währungsverbunds waren in Bandbreiten fixiert und somit flexibel, und dann und wann gab es Währungsturbulenzen mit Auf- oder Abwertungen, die alles andere als schön waren, aber das System als solches funktionierte, es hätte keines anderen bedurft. Das galt allerdings nicht für die Politik und schon gar nicht angesichts der sich abzeichnenden historischen Umbrüche in Europa zu Beginn der 90er-

Jahre. Der Kalte Krieg ging zu Ende, und die deutsche Wiedervereinigung stand vor der Tür.

Die Entstehung der Währungsunion hatte deshalb explizit politisch-historische und nicht in erster Linie ökonomische oder gar währungstechnische Gründe. Zwar waren die Idee zu einer europäischen Währungsunion wie auch die vorbereitenden Arbeiten und Prozesse schon älter und ein Teil des allgemeinen europäischen Integrationsprozesses, aber die dann 1989/90 stattfindende Beschleunigung dieses Prozesses stand in einem eindeutigen Zusammenhang mit der heraufziehenden deutschen Einheit.

Anders als die USA sahen Großbritannien, Frankreich und Italien aufgrund ihrer negativen historischen Erfahrungen mit einem vereinten deutschen Nationalstaat diese erneute Vereinigung der Deutschen zu einem großen Nationalstaat in der Mitte Europas mit mehr als gemischten Gefühlen, ja sie wollten diese zumindest verzögern oder lehnten sie sogar direkt ab. Der damalige Bundeskanzler Helmut Kohl wusste darum und kannte zudem die deutsche, die deutsch-französische und die europäische Geschichte, und deshalb bestand für ihn ein unauflösbarer Zusammenhang zwischen deutscher und europäischer Einheit, wie er es beispielhaft in seiner Regierungserklärung zu dem Vertrag von Maastricht am 13. Dezember 1991 im Deutschen Bundestag formuliert hat: »Maastricht ist der Beweis dafür, dass das vereinte Deutschland seine Verantwortung in und für Europa aktiv wahrnimmt und zu dem steht, was wir immer gesagt haben, nämlich dass die **deutsche Einheit** und die **europäische Einigung** (Hervorhebungen im Protokoll des Deutschen Bundestages) zwei Seiten ein und derselben Medaille sind.«

Es ging also bei der europäischen Währungsunion zuerst und vor allem um die Einbindung des wiedervereinigten Deutschlands in Europa, um so zu verhindern, dass sich die Gefahr einer deutschen Hegemonie und die sich daraus ergebenden schweren Konflikte erneut stellten. Noch wichtiger war damals im Vorfeld der deutschen Einheit das Festhalten an der Einbindung der Bundesrepublik in die NATO, ohne die es wohl kaum je die Zustimmung der Westmächte zur deutschen Wiedervereinigung gegeben hätte, sowie der dritte zentrale Punkt, nämlich die Anerkennung der polnischen Westgrenze. Durch diese drei Faktoren aber sind die historischen Grundlagen für die wiedergewonnene deutsche Souveränität wie auch für die deutsche Außenpolitik in Europa fixiert worden, gründend auf den katastrophalen Erfahrungen des 20. Jahrhunderts mit der europäischen Zentralmacht Deutschland. Davon abzuweichen würde dem wiedervereinigten Deutschland zwar möglich sein, aber nur um einen extrem hohen Preis und weitgehender außen- und europapolitischer Isolierung, denn die Gespenster der deutschen Mittellage würden sich in einem solchen Fall sofort wieder aus ihren Gräbern erheben. Wie gesagt, Helmut Kohl wusste um diesen historischen Sachverhalt, und aus diesem Stoff waren und sind die Sorgen in Paris, London und Rom und in so manch anderer europäischen Hauptstadt bis auf den heutigen Tag. Im Berlin der Gegenwart hält man aber solcherlei Gedanken weitgehend für interessengeleitete Taktik, um Deutschland über seine Vergangenheit unter Druck zu setzen, oder für bloße Vergangenheitsfixierung alter Männer und deren Gefühligkeit, was die EU als das »größte Friedensprojekt der europäischen Geschichte« betrifft. Uropa erzählt halt gern vom Krieg, heißt es dann, aber wen interessiert das denn heute noch? Heute wissen wir die Antwort: Wladimir Putin.

Gewiss, für einen überzeugten Europäer ist es angesichts der Ignoranz und auch der zahlreichen Fehler, die die politisch Verantwortlichen in der gegenwärtigen Krise Europas gemacht haben und machen, oft zum Haareraufen, aber zugleich hat der Druck der Krise das europäische Projekt unglaublich dynamisiert. Und wer genau hinschaut, kann feststellen, dass es genau jene ursprüngliche Idee von den *Vereinigten Staaten von Europa* ist, wie sie Winston Churchill in seiner epochemachenden Rede in Zürich 1946 gefordert hat, die die EU und auch und gerade die Währungsunion zusammenhält, und eben nicht eine Politik der kleinen Schritte und eines müden Pragmatismus.

Und genau wegen dieses historischen Projekts, das ihnen absolut nichts sagte, haben sich auch zahlreiche Investoren, die auf ein Ende der Währungsunion gesetzt hatten, die meisten von ihnen waren jenseits des Atlantiks zu Hause, so gründlich geirrt. Wäre die Krise Europas allein ökonomischen Interessen gefolgt, so hätten sie vermutlich richtig gewettet gehabt, aber sie haben die historische Dimension des europäischen Projekts unterschätzt. Welcher oder welche heute in Führungsverantwortung stehende europäische Politiker oder Politikerin wäre denn bereit, wenn diese harte

Entscheidung anstünde, die Verantwortung für das Scheitern der erfolgreichen europäischen Integration der letzten 60 Jahre zu übernehmen? Keiner und keine. Allein der theoretische Gedanke daran lässt im Europäischen Rat bereits alle schaudern und ihre Hände zittern, denn sie alle wissen, dass am Tag danach keiner der Beteiligten mehr eine politische Zukunft vor sich hätte und sie sich als die größten politischen Versager in den Geschichtsbüchern ihrer Nationen und auch Europas wiederfinden würden, als die Zerstörer einer einmaligen Chance für den europäischen Kontinent.

Im europäischen Einigungsprozess wirkt nicht nur die viel beschworene unsichtbare Hand des Marktes, sondern gerade die sehr sichtbare Hand der Geschichte bringt eine eigentümliche Dialektik hervor, die in den Momenten der Krise wirkt. Der Begriff »Krise« bedeutet eben nicht ein Scheitern, sondern eine Entscheidungssituation, entweder zu scheitern oder voranzukommen, die Verhältnisse lösen sich unter ihrem Druck aus der Erstarrung, werden weich und gestaltbar. Die tiefe Krise des europäischen Projekts hat mit der drohenden Renationalisierung die Gefahren und den Preis des Scheiterns sichtbar gemacht, aber damit zugleich auch die Chancen und den Weg nach vorne in die vertiefte politische Integration aufgezeigt.

Nichts ist seit 2008/9 in der EU wirklich gelöst worden an den zugrunde liegenden Problemen der europäischen Konstruktion, und dennoch ist die Europäische Union des Jahres 2014 mit jener EU vor vier Jahren nicht mehr zu vergleichen. Dramatische Veränderungen haben sich seitdem vollzogen: Draghi und die EZB

sind faktisch zur Wirtschaftsregierung der Währungsunion geworden, politisch sind es die Staats- und Regierungschefs der Mitgliedstaaten der Währungsunion,
die eine gemeinsame, wenn auch nicht integrierte Kri-
senbekämpfungspolitik betreiben, die nationalen Parlamente als Inhaber der Budgetsouveränität sind zu direkten europäischen Akteuren geworden, wenn auch noch
ausschließlich im nationalen Rahmen und ohne eigene
institutionelle Rolle in der europäischen Konstruktion.
Und die EU-Kommission ist innerhalb der Währungsunion faktisch vom Garanten der europäischen Integration und vom Gegenspieler der Staats- und Regierungschefs zum bürokratischen Unterbau ebendieser
Regierungschefs herabgesunken, während dem EU-
Parlament nicht sehr viel mehr bleibt, als die Ereignisse
von der Seitenlinie des Spielfeldes aus zu beobachten
und bestenfalls zu kommentieren, da es in der Eurokrise
über keine wirklichen Kompetenzen und kaum eigenständige Legitimation und damit Macht verfügt.

Insofern lassen sich schon hier drei unmittelbare
Konsequenzen aus dem bisherigen Verlauf der europäischen Krise ziehen: Erstens ist die Überlebensfähigkeit
des Euro zuerst und vor allem politisch-historisch und
nicht ökonomisch bedingt. Freilich ist dies alles andere
als eine Bestandsgarantie, wenn sowohl die schweren
politischen Defizite als auch die wirtschaftlichen Ungleichgewichte nicht angegangen und gelöst werden.
Denn in der Finanzgeschichte gibt es keinen Fall, in
dem eine Währungsunion ohne einen festen staatlichen Rahmen und der damit einhergehenden Zentralisierung von Macht erfolgreich längere Zeit überdau-

ert hätte. Und schon gar nicht wird angesichts der sehr großen Unterschiede im europäischen Währungsraum der Zusammenhalt der Eurogruppe von längerer Dauer sein, wenn die jetzt gerade wieder einmal gewonnene Zeit nicht genutzt wird, um den Grundfehler von Maastricht, die mangelnde politische Integration der an der Währungsunion beteiligten Staaten, zu korrigieren.

Das heißt aber, dass all die »deutschen Tabus« – Transfers innerhalb der Währungsunion, gemeinsame Altschuldenregelung, gemeinsamer Neuschuldenmechanismus mit gemeinsamer Haftung, echte Bankenunion und Fiskalunion – keinen Bestand werden haben können, wenn die Krise überwunden werden und die Währungsunion zugleich Bestand haben soll. »Niemals«, hört man bei dieser These sofort einen großen und lauten Chor der Bedenkenträger in Deutschland: »Die Bevölkerung will das nicht!« Gut, wenn dieser Einwand zutrifft, und er ist sehr ernst zu nehmen, dann muss man daraus die Konsequenzen ziehen, und es müssen sich diejenigen, die diese Auffassung teilen, sehr viel ernster auf ein Scheitern des europäischen Projekts vorbereiten. Das hieße dann Renationalisierung ohne Wenn und Aber und mit all ihren bekannten negativen Konsequenzen, beides zugleich wird man nicht haben können, da der Status quo nicht von Dauer sein wird.

Ich teile diese Auffassung nicht, denn ich bin nach wie vor der Meinung, dass, wenn es zu einer wirklichen Existenzbedrohung Europas kommen wird, die Mehrheiten in den wichtigsten Mitgliedsländern dieses Projekt nicht aufgeben wollen und aufgeben werden. Dies wird jedoch Führung und visionäre Überzeugungskraft seitens der Verantwortlichen voraussetzen und hochriskant sein, weil diese Entscheidung erst hart am Rande des Abgrunds getroffen werden wird. Deswegen werden alle Proeuropäer auch in den kommenden Jahren sehr starke Nerven, strategische Entschlossenheit und noch mehr Fortüne brauchen. Europa steht vor einer sehr hohen Hürde, vorneweg die beiden Staaten, auf deren Ausgleich und Zusammenarbeit das gesamte Gebäude der EU seit den römischen Verträgen errichtet wurde, Deutschland und Frankreich. Und beide müssen dabei ein Grundsatzproblem lösen, das den Mehrheitsstimmungen ihrer jeweiligen Nationen zuwiderläuft. Diese Tatsache kann aber ernsthaft kein Hinderungsgrund sein, sondern zeigt nur die ganze Schwere der Herausforderung. Die Europäische Union wurde nicht auf Umfragen und Mehrheitsstimmungen gebaut, dann hätte es sie niemals gegeben. Sie wurde vielmehr von Staatsmännern gebaut, die nicht nach ihrer Popularität schauten (und gerade deshalb populär waren zu ihrer Zeit!) und aus Minderheitenpositionen demokratische Mehrheiten machten. Ein de Gaulle und ein Adenauer, ein Giscard d'Estaing und ein Helmut Schmidt, ein François Mitterand und ein Helmut Kohl wären vor dieser historischen Aufgabe nicht zurückgeschreckt.

Für Deutschland ist der politische Schritt in die *Vergemeinschaftung der Schuldenhaftung* der mit Abstand schwierigste, weil es dabei um die Aufgabe der alleinigen Kontrolle über das eigene Geld geht, obwohl dieser Schritt faktisch zum Teil schon gemacht wurde. Sichtbar würde dies vor allem im Falle eines Scheiterns

des Euro, wenn die ganzen Kredite platzen und die eingegangenen Verpflichtungen zu Fälligkeiten würden.
Für andere, angeführt von Frankreich, wird der Schritt
in die *Vergemeinschaftung der politischen Souveränität* sehr schwierig, weil es dabei um die Zentralisierung
von Macht in Europa geht. Beide Vergemeinschaftun-
gen sind harte Souveränitätsfragen und deshalb so un-
endlich schwierig, aber genau an dieser Hürde wird
sich das Schicksal Europas in der kommenden Dekade
entscheiden.

Zweitens kann man aus den oben angeführten Gründen ein plötzliches Ende der Europäischen Währungsunion wohl ausschließen. Die eigentliche Gefahr liegt
nicht darin, sondern in einem schleichenden Verfall der
europäischen Idee und ihrer materiellen Grundlage, der
Solidarität zwischen den europäischen Völkern. Schon
heute existiert diese Gefahr in Gestalt einer voranschreitenden Renationalisierung, die, wenn durch die
Regierenden nicht energisch in Richtung europäischer
Erneuerung gegengesteuert wird, sogar die bisher noch
recht starke Tendenz zur Selbsterhaltung Europas und
der Eurogruppe immer mehr schwächen wird. Noch
stehen die wirtschaftlichen und sozialen Interessen mit
ihrem ganzen Schwergewicht einer Renationalisierung
entgegen. Aber wie lange wird das noch der Fall sein,
wenn die Neuausrichtung der Köpfe und damit auch
der Debatte in Richtung eines jetzt anstehenden echten Integrationsschritts mit dem Ziel der vollständi-
gen politischen und wirtschaftlichen Integration nicht
stattfindet? Der Druck aus der Innenpolitik nimmt in
fast allen Mitgliedstaaten der EU zu, und vor allem die

großen Parteien, sowohl Mitte-Rechts als auch Mitte-Links, rutschen an den Rändern, etwa in der Frage der Personenfreizügigkeit, aber auch der Krisenbekämpfung, mehr und mehr in Richtung Euroskepsis.

Drittens muss man deshalb prognostizieren, dass durch die dramatischen Fehler bei der Eurorettung in Gestalt einer heillosen Austeritätspolitik und durch den völligen Verzicht auf eine europäische Vision und ein Verharren in einer Politik eines kleinlichen Pragmatismus mit jedem weiteren Tag, an dem dieser Kurs beibehalten wird, die Konflikte aus dem ökonomischen und sozialen Raum in den politischen Raum verschoben werden. Und damit droht ein ganz wesentlicher Fortschritt auf dem europäischen Kontinent wieder verloren zu gehen, den die EU über die sechs Jahrzehnte ihres Bestehens hinweggebracht hat, nämlich die *Entpolitisierung* der Beziehungen und Konflikte zwischen den europäischen Völkern zugunsten von Wirtschaft und Recht, verbunden in gemeinsamen Institutionen. Die EU gründete auf dem gemeinsamen wirtschaftlichen Vorteil und nicht mehr auf dem machtpolitischen Nullsummenspiel des alten europäischen Staatensystems, das fast alle Beziehungen und Konflikte immer gleich politisiert hat und dessen fatale Konsequenzen bekannt sind.

Und gerade wegen der so verstandenen erfolgreichen Entpolitisierung der Beziehungen zwischen den europäischen Staaten gibt es im Zeitalter der EU auch innerhalb der Union zwar noch erhebliche Unterschiede der Größe und der Stärke zwischen den Mitgliedstaaten, aber keine europäischen Großmächte und keine interne Großmachtpolitik mehr. Gewiss, selbst den drei größten und mächtigsten europäischen Staaten – Frankreich und Großbritannien (beides Nuklearmächte und ständige Mitglieder des UN-Sicherheitsrats) und Deutschland (größte Bevölkerung und größte Wirtschaftsmacht) – fehlt heute die Macht und das Potenzial, um noch als Großmächte zu gelten, aber es sind auch die Integrationsstrukturen der EU, die innerhalb Europas einen Ausgleich zwischen großen, kleinen und mittleren Mächten geschaffen haben.

Diese von der Krise hervorgebrachten Veränderungen, für die es in normalen Zeiten Jahre oder sogar ein Jahrzehnt und mehr gebraucht hätte, um diese – wenn überhaupt! – durchsetzen zu können, zeigen zugleich Entwicklungsmöglichkeiten für die europäische Zukunft auf, die nicht einfach als Fehlentwicklungen abgetan werden sollten, auch wenn sie von den bisherigen reinen Lehren der beiden großen Lager des europäischen Einigungsprozesses teilweise erheblich abweichen – sowohl von den *Intergouvermentalisten,* die ein »Europa der Vaterländer« (Charles de Gaulle) wollen, d. h. eine Konföderation, bei der die Macht im Wesentlichen in den nationalen Hauptstädten verbleibt, als auch von den *Föderalisten,* die eine wirkliche europäische Föderation wollen, bei der die Macht eines Tages von den Mitgliedstaaten auf Brüssel, die Kommission und auf das EP übergeht und so ein gemeinsamer europäischer Staat geschaffen werden soll. Doch davon später mehr.

Die EU und die europäische Geschichte

Man kann Europa und die Europäer nicht verstehen, wenn man die Geschichte des Kontinents, seiner Menschen und Nationen nicht kennt, denn Europa ist der Kontinent der Geschichte. Geschichte ist ja nicht nur die Darstellung der Ereignisse, sie ist auch nicht eine exakte Wissenschaft, sondern zuerst und vor allem eine Erzählung, in welche die Interessen, die Werturteile und die Legitimationen z. B. von sozialen und politischen Großgruppen oder herrschenden Eliten der jeweiligen Gegenwart einfließen, eine Mischung aus Fakten, Ideologien und Mythen also. Über die Geschichte kann man daher endlos streiten, vor allem unter Nachbarn, die sich in anhaltenden Interessen- oder Territorialkonflikten befinden, denn die Vergangenheit kann man unterschiedlich lesen und erzählen. Der Verlauf der Geschichte hatte und hat sehr viel mit der Selbstwahrnehmung sozialer und politischer Großgruppen zu tun, und diese Selbstwahrnehmung bildet zugleich wieder die Grundlage für weiteren Stoff dieser großen Erzählung, die sich dann über die Zeiten hinweg verselbstständigt und gemeinsam mit der Sprache und der Kultur zu einem Identitäts- und somit auch Unterscheidungsfaktor zu anderen Großgruppen wird. Und da sich Europa mit seinen vielen unterschiedlichen Völkern, Sprachen und Kulturen über die Jahrhunderte hinweg durch seine Unterschiede entwickelt hat, waren diese unterschiedlichen Identitäten der europäischen Nationen zur jeweiligen Selbstversicherung unverzichtbar.

Die Sprache stand dabei gewiss an erster Stelle, als sich um die erste Jahrtausendwende herum in Europa die unterschiedlichen Nationen herausbildeten, und auch heute noch, innerhalb einer demokratisch und rechtsstaatlich verfassten, modernen EU, spielen die Sprache und die kulturelle Identität beim Umgang der jeweiligen Mehrheit mit ihren nationalen Minderheiten nach wie vor eine entscheidende Rolle. Es gibt daher innerhalb der EU kaum ein sensibleres Thema als die Sprachenfrage, weil sie an den Kern der Identitäten der unterschiedlichen Mitgliedstaaten führt. Und je mehr sich diese sozialen Großgruppen aus dem Universalismus und den Territorialherrschaften des Mittelalters herauslösten und mit der beginnenden europäischen Moderne zu politischen Einheiten – sprich Staaten und Nationalstaaten – wurden, desto wichtiger wurde dieser Abgrenzungs- und Selbstvergewisserungsbedarf in Gestalt einer großen nationalen Erzählung für die Herausbildung der neuen Nationalstaaten.

Im Mittelalter wurden Gebiets- und Herrschaftsansprüche, unterfüttert von der dafür notwendigen militärischen Macht, mit dem Erb- und Heiratsrecht der herrschenden Familien und mit der göttlichen Gnade begründet, während sie im Europa der Nationalstaaten zunehmend historisch legitimiert werden mussten. Gefördert wurde diese Entwicklung durch die europäische Aufklärung bis hin zur großen Französischen Revolution, die ganz wesentlich zu einer Entsakralisierung der europäischen Machtverhältnisse beigetragen hat. An die Stelle von dynastischen Ansprüchen und »Gottes Gnadentum« als jenseitig begründeter Rechtfertigungsideologie politischer Macht und Herrschaft füllten in Europa zunehmend die Geschichte und die Nation als diesseitige weltliche Legitimationsinstanzen diesen Platz aus, vor allem im 19. Jahrhundert.

Gewiss, auch andere Kontinente und Nationen haben ihre Geschichte, aber nirgendwo definiert sie bis heute so sehr das Selbstbewusstsein von Staaten entlang der historischen Linien wie in Europa. Asien ist zu groß und definiert sich daher über verschiedene Bezugsgrößen: Ost- und Südostasien werden seit 2000 Jahren von China und dessen Zivilisation in verschiedensten nationalen und regionalen Ausformungen bestimmt; von Indien bis an die nordafrikanische Küste des Atlantiks dominiert nach wie vor die Religion: Es sind dies vor allem Hinduismus und Islam und in Israel das Judentum; Nordamerika ist der Kontinent des Marktes und der Freiheit; Mittel- und Südamerika und Afrika haben immer noch mit dem Erbe des europäischen Kolonialismus zu kämpfen. In Europa jedoch wird dieser Grundstrom des gemeinsamen Selbstbewusstseins eben durch die Geschichte definiert. Gerade die jüngste Krise der EU hat diese Tatsache erneut sichtbar werden lassen, denn ein weiteres Mal tobt der Streit darüber – Gott sei Dank diesmal meist nur rhetorisch und maximal mit friedlichen ökonomischen Mitteln ausgetragen –, ob der Kontinent wirtschaftlich und politisch geeint werden oder weiterhin in 47 Nationalstaaten getrennt verbleiben soll.

Dieser Konflikt um Einheit oder Vielfalt ist so uralt wie zentral in der europäischen Geschichte und wurde fast immer gewaltsam ausgetragen, ja das Freiheits- und Unabhängigkeitsbewusstsein vieler europäischer Nationen gründet auf erfolgreichen Unabhängigkeitskriegen gegen universalere imperiale oder einfach nur größere Mächte. Dies gilt auch für jene ehemalige englische Kolonie auf der anderen Seite des Atlantiks, die Vereinigten Staaten von Amerika. Ganz am Anfang eines *europäischen* Selbstbewusstseins, das auf dem Widerspruch zwischen Einheit und Vielfalt gründete, stand Rom mit seinem Imperium, das über viele Jahrhunderte hinweg den damaligen Erdkreis (Europa bis zum Rhein und zur Donau, Nordafrika und der Nahe Osten bis hin zu der instabilen Westgrenze des persischen Reiches) zuerst gewaltsam vereint und dann kulturell und wirtschaftlich zusammengeführt und politisch beherrscht hatte. Das Imperium Romanum war an seinem Ende nicht mehr zusammenzuhalten und teilte sich. Und als es schließlich im Westen, in Europa, unter dem Ansturm barbarischer Völker von außerhalb des Imperiums zerbrach, galt dies noch lange nicht für seinen östlichen Teil. Doch der imperiale Traum der Europäer war mit dem Untergang Westroms keineswegs ausgeträumt, sondern begann damit erst so richtig, denn die Idee vom Imperium Romanum wurde in den folgenden Jahrhunderten fast zur fixen Idee der europäischen Machtlegitimation und so auch zu einem Teil der europäischen Identität.

Zwar sollte es nach Rom nie wieder eine europäische Macht schaffen, auch nur den westlichen Teil
des Kontinents zu einen, aber der Traum davon lebte
umso stärker fort in der christlichen Universalkirche
des römischen Papsttums und auch in der Legitimation, die das alte, untergegangene Imperium den neuen
Herrschern und ihren imperialen Ansprüchen verlieh.
Das galt für das erneuerte Imperium Romanum unter dem Frankenkaiser Karl genauso wie für alle seine
späteren deutschen Nachfolger bis 1806, als der letzte
deutsche Kaiser durch die napoleonischen Siege und
die damit einhergehende Neuordnung Deutschlands
gezwungen wurde, seine Krone niederzulegen. Und es
galt auch für alle anderen Prätendenten aus dem Kreis
der christlichen Könige Europas, von denen viele nach
diesem Titel gierten, weil er, so schwach die Macht dieser Kaiser tatsächlich auch immer war, dennoch über
eine einzigartige historisch-imperiale Legitimation
verfügte. Auch im europäischen Nordosten, im fernen
Moskau mit seinen Zaren, mochte man auf das Prädi-
kat des »dritten Roms« und den Titel des Cäsars nicht
verzichten. Allerdings war dieser machtpolitische Anspruch, den man glaubte, aus der historischen Legitimation durch Rom ableiten zu können, mehr oder weniger eine machtpolitische Fiktion, denn zumindest
in der lateinischen Christenheit im Westen des Kontinents hatte die Macht des Kaisertums niemals mehr
dazu ausgereicht – vielleicht bis auf das eine Jahrzehnt
des französischen Empire unter Napoleon I., dem
Nachfolger der römischen Kaiser deutscher Nation
und des alten Reiches, das er selbst in die Grube gesto-

ßen hatte –, eine erneuerte europäische Einheit unter einem Imperium tatsächlich herzustellen.

Die Erinnerung an Rom legitimierte auch die Ambitionen der späteren europäischen Weltmächte, ja beeinflusste indirekt über den Hegemonialanspruch auf dem Kontinent den Aufstieg Europas in Gestalt einzelner seiner seefahrenden Nationen zur Weltherrschaft mit der Entdeckung Amerikas und des Seewegs nach Süd- und Ostasien. Und auch Europas Abschied von seinen Weltherrschaftsambitionen nach den zwei Weltkriegen, die zuerst und vor allem innereuropäische Kriege um die Vorherrschaft in Europa waren, prägt unsere moderne Welt bis auf den heutigen Tag. Sowohl die Kolonisierung als auch die spätere Dekolonisierung globalisierten die normativen Grundlagen des europäischen Staatensystems. Es kam auch nicht von ungefähr, dass die Europäische Union mit den sogenannten »römischen Verträgen« gegründet wurde, die am 25. März 1957 von den Vertretern der sechs Gründerstaaten der heutigen EU auf dem Kapitol in Rom unterzeichnet wurden. Denn der damals ins Werk gesetzte Versuch, nach zwei verheerenden Weltkriegen und angesichts der sowjetischen Bedrohung Westeuropas die Einheit des Kontinents mit friedlichen Mitteln zumindest in dessen westlichem Teil zu erreichen, konnte und wollte ganz offensichtlich auf die Legitimation durch die Erinnerung an Rom auch zur Mitte des 20. Jahrhunderts nicht verzichten. Es bedurfte angesichts des Zeitalters des Nationalismus und seiner Verheerungen ganz offensichtlich einer sehr viel älteren Legitimation, die in den Köpfen der Westeuropäer zweifelsfrei für die europäische Einheit stand und seine Wirkungsmächtigkeit noch nicht verloren hatte – eben Rom.

Jenseits jenes Traums von Rom hatte sich die reale Entwicklung des poströmischen Europas allerdings in die entgegengesetzte Richtung bewegt. Die Einheit war zerfallen, und Europa wurde der Kontinent der Unterschiede und Machtrivalitäten, der vielen größeren und kleineren politischen Herrschaften und der unterschiedlichen größeren und kleineren Völker, die es nahezu alle seit etwa tausend Jahren in ihrem Selbstbewusstsein als Nationen (nicht aber als Staaten oder gar Nationalstaaten!) gibt, mit ihrer jeweils eigenen Sprache, Geschichte und Kultur und mit einem eigenen Territorium (was allerdings nicht für alle galt, ein Anlass für zahllose Grenzkonflikte und sehr viel Leid und Gewalt). Die Einheit blieb ein Traum, die europäische Wirklichkeit hingegen wurde durch jene niemals enden wollende Rivalität der entstehenden europäischen Mächte bestimmt. Aber dieser fortlebende Traum legitimierte immer wieder die politischen Ambitionen der Mächtigen im Kampf um die Vorherrschaft auf dem Kontinent.

Es ist eine Allerweltsweisheit, dass Einigkeit stark macht, aber für Europa traf diese Weisheit offensichtlich nicht zu. Ganz im Gegenteil war es diese europäische Mächterivalität und die sie begleitende ebenso endlose Kette europäischer Kriege, die die europäischen Mächte nach außen greifen ließ, um dort die Macht und Ressourcen zu gewinnen, die ihnen den entscheidenden machtpolitischen Vorteil »zu Hause« bringen würden. Dies war der Beginn der europäischkolonialen Beherrschung der Welt zu Beginn der Neuzeit, und dieser Prozess der Unterjochung der Erdteile außerhalb Europas war auf das Engste mit dem Kampf um die Vorherrschaft innerhalb Europas verbunden. Und es waren vor allem diese kolonialen Reichtümer, die, gewaltsam erworben und nach Europa transferiert, dem Kontinent im 18. Jahrhundert den entscheidenden Startvorteil bei der industriellen Revolution und der Herausbildung des modernen Kapitalismus verschafften, der seine globale Vorherrschaft bis zur Mitte des 20. Jahrhunderts sichern sollte.

Dieser Prozess des globalen Ausgreifens begann mit Portugal und Spanien gegen Ende des 15. Jahrhunderts, führte zu einem kurzen Intermezzo der Niederlande, bevor dann England und Frankreich an der Reihe waren. (Russland ging durch seine nord- und zentralasiatische Expansion bis hin zum Stillen Ozean und nach Alaska einen völlig anderen Weg, nämlich den über Land, und nahm dadurch auch eine völlig andere Entwicklung hin zur Weltmacht. Gleichwohl wurde der Aufstieg Russlands zur Weltmacht nicht in den menschenleeren Weiten Nordasiens, sondern durch seine Westausdehnung nach Europa hinein und durch seinen Status als europäische Großmacht entschieden, deren Höhepunkt mit dem Sieg über Nazideutschland am 8. Mai 1945 erreicht war.) Den gleichermaßen dramatischen wie tragischen Schlusspunkt unter diesen Abschnitt der europäischen Geschichte setzten die Deutschen – wie üblich verspätet und daher mit umso größerem Extremismus und desaströsen Folgen – mit ihren beiden Weltkriegen im 20. Jahrhundert.

Wenn man die beiden kleinen Weltmächte der europäischen Neuzeit, die Niederlande und Portugal, einmal beiseitelässt, denen es dazu in Europa an Masse und Gewicht fehlte, strebten, mit Ausnahme Englands, die großen europäischen Weltmächte zugleich immer auch die Vorherrschaft auf dem europäischen Kontinent an – Frankreich sogar zwei Mal, unter dem Sonnenkönig und dem ersten Napoleon. Allein die Seemacht England war klüger, wohl auch objektiv begünstigt durch ihre insulare Lage, und so verwundert es nicht, dass allein das Vereinigte Königreich unter all den Europäern zur erfolgreichsten Weltmacht wurde, unter anderem auch und gerade deshalb, weil es einsichtig genug war, sich mit seiner Rolle als Seemacht zu bescheiden und nicht zu versuchen, parallel dazu auch zur dominanten Landmacht in Europa zu werden. Offensichtlich überforderte die doppelte Ambition von Weltmacht und kontinentaleuropäischer Vormacht das strategische Potenzial auch der größten europäischen Staaten. England allein hatte verstanden, dass sein außereuropäisches Empire und die Hegemonie über Europa sowohl politisch wie finanziell sich ausschließende Ziele waren, und hatte deshalb die Vorherrschaft über Europa niemals angestrebt. Gleichwohl sollte sich auch das britische Empire im 20. Jahrhundert in der Abwehr der deutschen Hegemonie erschöpfen und daran machtpolitisch zugrunde gehen.

London begnügte sich mit seiner de facto politischen und wirtschaftlichen Vetomacht, d. h., jederzeit verhindern zu können, dass sich eine andere europäische Macht zum Hegemon des Kontinents aufschwingen konnte. Zur Verteidigung des europäischen Gleichgewichts – sprich: der Abwehr jedes Hegemons – war Großbritannien zudem immer bereit, auch das Äußerste zu wagen und, wenn es sein musste, seine Existenz aufs Spiel zu setzen, wie sowohl der Kaiser 1914 und Hitler im Jahr 1940 erleben durften. Die Bewohner der Britischen Inseln waren mit dieser Haltung keineswegs allein in Europa, ganz im Gegenteil. Denn trotz aller römischen Traumschlösser vom Imperium tickten die Europäer vor 1945 in die völlig entgegengesetzte Richtung. Sobald die jeweils stärkste Macht auf dem europäischen Kontinent dabei war, sich als Hegemon durchzusetzen, stand diese regelmäßig einer noch stärkeren Allianz gegenüber, die mittels Krieg diese Ambitionen erfolgreich verhinderte. Diesen Antihegemonialismus hatten und haben alle europäischen Mächte und ihre Bürger gewissermaßen in den Genen, er war zugleich die unerlässliche Bedingung für den Erhalt des europäischen Gleichgewichts.

Nach der Reformation und aus dem Horror der durch sie ausgelösten Religionskriege vor allem im 17. Jahrhundert, dessen schrecklichster über dreißig Jahre hinweg im Zentrum des Kontinents, in Deutschland, ausgefochten wurde, entstand das moderne europäische Staatensystem im Frieden von Münster und Osnabrück, das sogenannte »westfälische System«. Die Staaten waren fortan die alleinigen Inhaber der »Souveränität«, d.h. der obersten und uneingeschränkten Macht über ein bestimmtes Territorium, die sich im europäischen Staatensystem als rechtlich, nicht aber faktisch Gleiche begegneten, denn es gab von Anfang an kleine, mittlere und einige wenige Großmächte. Dieses neue Staatensystem gründete nicht mehr auf religiösen oder universellen Ideen und Legitimationen, sondern allein auf der Macht und deren Interessen. Der Idealzustand in diesem System war das Gleichgewicht, Ungleichgewichte wurden versucht, mittels Diplomatie oder Krieg auszubalancieren, und die immerwährende Gefahr für dieses Gleichgewichtssystem war die drohende Hegemonie eines Akteurs über alle anderen.

Es war durchaus kein Zufall, dass dieses europäische Staatensystem, das über dreihundert Jahre hinweg, von 1648 bis 1945, »funktioniert« und sich durch die weltweite europäische Vorherrschaft dann auch globalisiert hatte, aus dem ersten großen »teutschen Krieg« der Moderne, dem Dreißigjährigen Krieg, hervorgegangen war, denn die Deutschen lebten und leben in der Mitte des Kontinents und gehörten zu den großen europäischen Völkern. Wer dieses Zentrum beherrschte, würde den Kontinent kontrollieren – dieses Faktum sollte die deutsche Geschichte und Deutschlands Schicksal, ja seine Tragödie in der damals anhebenden europäischen Moderne bestimmen. Der Dreißigjährige Krieg wurde noch unter der Legitimation eines Religionskrieges (Katholiken gegen Protestanten) begonnen, aber in Wirklichkeit ging es von Anfang an um den Versuch des habsburgischen Kaisers, die starken Territorialmächte in Böhmen und Deutschland unter dem Banner der katholischen Religion zu unterwerfen und so den Kaiser zur alleinigen oder zumindest dominanten Territorialmacht im Reich zu machen. Es war also, wenn man so will, ein erster deutscher Einigungs-

versuch unter katholischen und habsburgischen Vor-
zeichen, was Ferdinand II. damals vorhatte, und die
deutsche Geschichte wäre wohl völlig anders verlaufen, wenn er gelungen wäre. Dieser Versuch der kriege-
rischen Einigung des europäischen Zentrums (wie auch
alle späteren) musste allerdings sofort alle anderen europäischen Mächte auf den Plan rufen, um diese hegemoniale Absicht des Kaisers in Wien zum Scheitern zu
bringen, und da die sich gegenüberstehenden Koalitionen in etwa gleich stark waren, zog sich dieser Krieg
und dessen Verheerungen des europäischen Zentrums
über dreißig qualvolle Jahre hin, bis es schließlich zu
einem Erschöpfungsfrieden kam.

Der Preis dieses Friedens war mehr oder weniger die
Rückkehr zum Status quo ante, sowohl was die Beziehungen zwischen den Reichsständen und dem Kaiser
als auch zwischen den beiden großen Religionsgruppen
betraf. Es bedeutete auch die Aufrechterhaltung der
territorialen Zersplitterung und internen machtpolitischen Rivalitäten unter dem Dach eines nicht wirklich
machtpolitisch handlungsfähigen Reiches, innerhalb
dessen fortan das europäische Mächtegleichgewicht
austariert werden sollte. Die Einigung des Zentrums
war, zu einem schrecklichen Preis für die Deutschen,
erfolgreich verhindert worden und damit auch eine
mögliche europäische Vorherrschaft des habsburgischen Kaisers in Wien.

Zwei überragende politische Figuren sollten dann
im 19. Jahrhundert, angetrieben von den Energien großer Revolutionen und dramatischer Veränderungen in
ihrer Zeit, die Ordnung im Zentrum des europäischen

Gleichgewichtssystems auf den Kopf stellen und damit das gesamte System in seinem Kern erschüttern: Napoleon I. und Otto von Bismarck.

Es waren die Französische Revolution und Napoleon I., die dieser ganzen komplizierten Konstruktion des alten Reiches den entscheidenden Todesstoß versetzen und das Tor für die deutsche Nationalbewegung und die nationale Einigung des europäischen Zentrums weit aufstoßen sollten. Nach den militärischen Siegen des Korsen über die antifranzösische Koalition der alten Mächte wurden die zahlreichen kleineren und Kleinstherrschaften im Heiligen Römischen Reich zu sehr viel weniger deutschen Mittelstaaten und nur noch wenigen kleineren Herrschaften zusammengefasst. Das alte Reich wurde wenig später durch den Kaiser für erledigt erklärt, nachdem zuvor die mit Frankreich verbündeten Rheinbundstaaten aus dem Reich ausgetreten waren. Die späteren Befreiungskriege gegen die französische Herrschaft wurden in Deutschland dann bereits nicht mehr nur unter dem Banner der Ansprüche der jeweiligen Herrscherhäuser, sondern bereits mit der Mobilisierung des Volkes und somit unter dem Schlachtruf der nationalen Einigung geführt. Bismarck, der als preußischer Konterrevolutionär begonnen hatte, erreichte schließlich im deutsch-(preußisch-)französischen Krieg von 1870/71 die Einigung Deutschlands und damit des europäischen Zentrums. Welche grundlegende Erschütterung die erste deutsche Einigung für das europäische Gleichgewichtssystem bedeutete, lässt sich am besten einem längeren Zitat aus einer Rede des ehemaligen britischen Premierministers

Benjamin Disraeli vom 9. Februar 1871 im britischen Unterhaus entnehmen:

»Ich möchte die Aufmerksamkeit des Unterhauses auf den Charakter dieses Krieges zwischen Frankreich und Deutschland lenken. Es ist keiner der herkömmlichen Kriege, wie es der Krieg zwischen Preußen und Österreich [1866] oder der Italienische Krieg [1859] war, an dem Frankreich vor einigen Jahren beteiligt war; noch ist er dem Krimkrieg [1853–56] vergleichbar.

Dieser Krieg bedeutet die deutsche Revolution, ein größeres politisches Ereignis als die Französische Revolution des vergangenen Jahrhunderts. Ich sage nicht, dass er ein größeres oder ebenso großes soziales Ereignis ist. Seine sozialen Auswirkungen werden sich erst in der Zukunft zeigen. Nicht ein einziger Grundsatz unserer Außenpolitik, der noch vor sechs Monaten von allen Staatsmännern als Leitfaden anerkannt wurde, ist weiterhin gültig. Es gibt keine einzige diplomatische Tradition, die nicht hinweggefegt worden ist. Wir haben eine neue Welt, neue Einflüsse am Werk, neue und unbekannte Größen und Gefahren, mit denen wir fertig werden müssen und die zurzeit, wie alles Neue, noch undurchschaubar sind. Wir haben früher in diesem Haus über das Gleichgewicht der Macht debattiert. Lord Palmerston, ein in hohem Maße praktischer Mann, hat das Staatsschiff und seine Politik daraufhin ausgerichtet, dass das Gleichgewicht Europas erhalten bleibe [...]. Aber was ist jetzt wirklich geschehen? Das Gleichgewicht der Macht ist völlig zerstört worden und das Land, das am meisten darunter leidet und das die Auswirkungen dieses großen Wandels am meisten spürt, ist England.«

Der weitere Verlauf der europäischen Geschichte sollte Disraeli nur allzu recht geben. Deutschlands Rolle im klassischen europäischen Gleichgewichtssystem – das Zentrum des Kontinents – schloss eigentlich seine politische Einheit aus. Sollte diese kommen, was im 19. Jahrhundert, dem europäischen Zeitalter des Nationalismus, zu erwarten war, so musste die politische Einigung des europäischen Zentrums auf das gesamte System objektiv destabilisierend wirken. Mit der deutschen Einheit von 1871 war das europäische Gleichgewichtssystem in seinem Zentrum ausgehebelt worden. Dank des diplomatischen Genius Bismarcks sollte es noch dauern, bis dieses Faktum in der Realität voll spürbar wurde und das vereinte Deutschland aufgrund einer zunehmend aggressiveren, Deutschland isolierenden Außenpolitik seiner Nachfolger zur »losen Kanone« an Deck des europäischen Staatensystems wurde. Bismarck wusste nur zu gut um die Wirkung seiner »Revolution« im europäischen Gleichgewichtssystem, und deswegen gab es für ihn kaum ein wichtigeres Ziel in der Außenpolitik des jungen Deutschen Reiches, als immer wieder dessen Saturiertheit zu betonen. Seine auswärtige Politik sollte vor allem die Bildung einer antihegemonialen Allianz gegen Deutschland verhindern, und zwar mittels eines Systems von Bündnisverträgen, das Frankreich ausschloss. Zudem war es eine der obersten Prioritäten seiner Außenpolitik, auszuschließen, dass sich Russland mit Frankreich verbünden und so Deutschland eingekreist werden könnte. Von einem französisch-russisch-britischen Dreierbündnis, wie es dann im Vorfeld des Ersten Weltkriegs und wesentlich mit verursacht durch eine haarsträubend verfehlte deutsche Außenpolitik unter Wilhelm II. Wirklichkeit wurde, ganz zu schweigen. Das war der Stoff, aus dem Bismarcks »Albträume der Koalitionen« bestanden, die ihn seit der Reichsgründung immer umgetrieben haben. Unter seinen Nachfolgern sollten aus diesen Albträumen schreckliche Wirklichkeit werden.

Die deutsche Einigung bedeutete an sich und ohne aggressive Absichten der handelnden Akteure bereits den Umsturz des europäischen Gleichgewichtssystems, weil sich in dessen Zentrum mit der deutschen Einigung die andauernde Gefahr eines Hegemons etabliert hatte, zumal die erfolgreiche Industrialisierung Deutschlands diese Tatsache noch bestätigte und verstärkte. Und genau auf diese neue außenpolitische Lage des Deutschen Reiches (die Rücksichtnahme auf die hegemonialen Ängste der europäischen Nachbarn und eine kluge Bündnispolitik erfordert hätten) waren die damaligen deutschen Eliten in Politik, Militär und Wirtschaft jenseits von Bismarck überhaupt nicht vorbereitet. Der Staatssekretär im Auswärtigen Amt und spätere Reichskanzler Bernhard von Bülow machte diese Achsenverschiebung in der deutschen Außenpolitik und den Bruch mit dem diplomatischen Erbe Bismarcks in zwei Reichstagsreden vom 6. Dezember 1897 und vom 11. Dezember 1899 unmissverständlich klar, in denen er sowohl jenen unseligen Begriff vom »Platz an der Sonne« prägte, den die neue Weltpolitik Berlins für das aufstrebende Deutsche Reich reklamierte, als auch Deutschland prophezeite, »in den kommenden hundert Jahren wird das deutsche Volk Hammer oder Amboss sein«. Und in der Tat erfüllte sich diese Vorhersage dann im 20. Jahrhundert in einer solchen Radikalität, dass am Ende, 1945, von Deutschland fast nichts mehr übrig geblieben war.

Selbst ein so überaus kluger Kopf wie Max Weber forderte in seiner Freiburger Antrittsvorlesung von 1895 die Hinwendung des Deutschen Reiches zur Weltpolitik und damit eine Abkehr von Bismarcks Politik der Saturiertheit: »Wir müssen begreifen, dass die Einigung Deutschlands ein Jugendstreich war, den die Nation auf ihre alten Tage beging und seiner Kostspieligkeit halber besser unterlassen hätte, wenn sie der Abschluss und nicht der Ausgangspunkt einer deutschen Weltmachtpolitik sein sollte.«

Freilich zweifelte Weber schon damals an der Fähigkeit der deutschen Elite zu einer solchen Politik und Führungsrolle: »Das *Drohende* unserer Situation aber ist: dass die bürgerlichen Klassen als Träger der *Macht*interessen der Nation zu verwelken scheinen ...«, stellte Weber für das damalige Deutschland zu Recht fest, wie nicht zuletzt seine eigene Position beweisen sollte. Denn in der Tat erwiesen sich die deutschen Eliten angesichts der komplexen, objektiv hegemonialen Rolle des Reiches im europäischen Gleichgewichtssystem als überfordert.

Mit dem Abgang Bismarcks zu Beginn des letzten Jahrzehnts des 19. Jahrhunderts begann sich nicht nur die Außenpolitik des Deutschen Reiches aus den Fesseln ihrer »Saturiertheit« zu befreien und zunehmend fordernder und prestigebewusster aufzutreten, bis hin zum Irrsinn der deutschen Flottenrüstung und der Herausforderung Großbritanniens. Parallel dazu hatte sich auch das europäische Bündnissystem verändert, das seit dem Wiener Kongress auf fünf Großmächten – Großbritannien, Frankreich, Preußen/Deutschland, Österreich und Russland – gegründet war und das europäische Gleichgewicht bewahrt und damit eine der längsten Friedenperioden auf dem europäischen Kontinent ermöglicht hatte. Es wurde nach und nach durch ein System zweier fester Allianzen ersetzt, die sich gegenseitig durch die Vielfalt ihrer Bündnismöglichkeiten mittels Verträgen und Rückversicherungsverträgen nicht mehr neutralisierten, sondern in wachsender Konfrontation einander gegenüberstanden. Die Katastrophe vom Sommer 1914 begann sich abzuzeichnen, zumal es in der damaligen Diplomatie nur um Nullsummenspiele, nicht aber um kollektive Konfliktlösungs- und Konfliktbegrenzungsmechanismen ging. Aber auch dieser Entwicklung lag jene fundamentale Erschütterung des europäischen Gleichgewichts zugrunde, die die deutsche Einigung ausgelöst hatte.

Was folgte, ist bekannt: Im Sommer 1914 begann ein neuer dreißigjähriger Krieg um die Vorherrschaft in Europa, in dessen Zentrum erneut Deutschland stand. Er endete mit der totalen Niederlage des Deutschen Reiches am 8. Mai 1945 und dessen Auflösung durch die Siegermächte. Wie schon beim ersten Dreißigjährigen Krieg, der nach verheerenden Verlusten die Aufrechterhaltung der Zersplitterung Deutschlands garantierte und diese zum Zentrum des neu entstandenen »Westfälischen Systems« gemacht hatte, endete auch dieser zweite dreißigjährige Krieg in der ersten Hälfte des 20. Jahrhunderts mit der erneuten Aufteilung Deutschlands. Das alte europäische Gleichgewichtssystem schien mit der totalen Niederlage des drohenden kontinentalen Hegemons Deutschland wiederhergestellt zu sein, allerdings war dies nur Schein. Denn parallel zu dem zweiten dreißigjährigen Krieg war das gesamte europäische System in eine tiefe Krise geraten und hatte sich durch die zwei Weltkriege hindurch faktisch aufgelöst oder zumindest einen erheblichen Bedeutungsverlust erfahren.

Zudem ereignete sich seit der zweiten Hälfte der Vierzigerjahre des letzten Jahrhunderts durch die Entwicklung der Atombombe ein fundamentaler Wandel in den Beziehungen der Groß- und Weltmächte untereinander, der auch das europäische Gleichgewichtssystem nicht unberührt lassen sollte. Es war schlicht und einfach nicht mehr zeitgemäß und daher dysfunktional geworden, auch wenn die politischen Eliten Westeuropas und auch anderswo noch lange mental daran festhalten sollten. Die Nuklearisierung der Beziehungen der Weltmächte untereinander brachte ein Ende der Logik des Nullsummenspiels mit sich, denn es würde im Falle eines Atomkrieges aufgrund der gegenseitigen Vernichtungsdrohung keinen Sieger mehr, sondern nur noch Verlierer geben. Clausewitz' berühmter Satz vom »Krieg als eine bloße Fortsetzung der Politik mit anderen Mitteln« galt für die Beziehungen zwischen Nuklearmächten und im System der nuklearen Abschreckung nicht mehr.

Das europäische Gleichgewichtssystem war in den beiden großen, globalen Hegemonialkriegen des 20. Jahrhunderts durch ein bipolares »Gleichgewicht des Schreckens« zweier nicht europäischer Supermächte abgelöst worden, die fortan Europa beherrschen und sich dabei durch ihre nukleare wie konventionelle Hochrüstung gegenseitig in Schach halten sollten. Die europäische Welt zerfiel in zwei Blöcke, Ost und West, zwei rivalisierende militärische Bündnissysteme, zwei völlig unterschiedliche Ideologien, Gesellschafts- und Wirtschaftssysteme. Dieses neue globale Ordnungssystem wurde in Europa das »System von Jalta« genannt. Es war die Zeit des Kalten Krieges, der Deutschland und Europa über die Dauer von etwa fünf Jahrzehnten hinweg teilen sollte, zugleich aber auch die Stabilität des Kontinents durch die Teilung seines Zentrums garantierte. Die geteilte frühere Hauptstadt des Deutschen Reiches, Berlin, war das Symbol für diese Stabilität wie auch der Risiken dieser neuen Ordnung des europäischen Staatensystems. Diese Ordnung des Kalten Krieges hatte in Europa, aber nicht nur dort, einen Preis, den vor allem die Osteuropäer und mit ihnen auch die Ostdeutschen und Ostberliner über fünf Jahrzehnte hinweg zu entrichten hatten. Zudem gründete diese Stabilität des Kalten Krieges in Europa auf einem gigantischen Rüstungswettlauf, auf imperialen, militärisch hochgesicherten Einflusszonen und auf der gegenseitigen nuklearen Vernichtungsdrohung, deren Abschreckung zwar niemals versagt hatte, aber nicht nur theoretisch auch hätte versagen können.

Mit der Reformpolitik Michail Gorbatschows, des

Generalsekretärs der KPdSU, begann die Auflösung des sowjetischen Zwangsimperiums und schließlich der Sowjetunion selbst. Und als im Zuge dieses Prozesses dann die Mauer in Berlin fiel und sich der sowjetische Griff in Osteuropa und auch in Ostdeutschland lockerte, da war es nur eine Frage der Zeit, bis sich Russland gezwungen sah, sich im Zuge des Verfalls seines großrussischen Imperiums namens Sowjetunion auf seine inneren Grenzen zurückzuziehen und die Ergebnisse seiner territorialen Expansion in Osteuropa, aber auch im südlichen Kaukasus und in Zentralasien, wie sie seit Peter dem Großen stattgefunden hatte, fast vollständig aufzugeben. Ebenso war die staatliche Einheit Deutschlands nicht mehr zu verhindern.

Die Zeitenwende von 1989 bis 1991 führte zu drei historischen und dramatischen Weichenstellungen, die die globale wie auch die kontinentale Mächtekonstellation fundamental verändern sollten: erstens zur Auflösung der Sowjetunion und des sowjetischen Imperiums und damit des Rückzugs Russlands auf sich selbst, zweitens zur deutschen Einheit und drittens wurden die USA fortan zur alleinigen globalen Supermacht. Mit dem Ende der »Ordnung von Jalta« war für Europa also die sogenannte »deutsche Frage«, d. h. die Gefahr einer erneuten Hegemonie durch die kontinentale Zentralmacht Deutschland, aufgeworfen worden. Genau darin lagen damals die Ängste von Mitterrand, Thatcher, Andreotti und all der vielen anderen europäischen Nachbarn der Zentralmacht Deutschland begründet. Freilich ergab sich aus der Implosion des

Systems von Jalta kein einfaches Zurück zu dem alten »westfälischen« Gleichgewichtssystem, denn seit dem 8. Mai 1945 hatte sich in Europa und vor allem auch in Deutschland zu viel in sehr grundsätzlicher Weise verändert.

Ostdeutschland war ein in Unfreiheit und Abhängigkeit gehaltener sowjetischer Satellitenstaat, dessen Existenz völlig von der Militärpräsenz der östlichen Vormacht abhing, in Westdeutschland fand nach 1945 eine umfassende Neuorientierung statt: Die Westdeutschen verabschiedeten sich in einem längeren und innenpolitisch konfliktreichen Prozess fast vollständig vom Konzept des traditionellen *Machtstaates* zugunsten des Konzepts eines demokratisch verfassten *Handelsstaates,* der seine Energien im Wesentlichen im wirtschaftlichen Erfolg und nicht mehr in einer militärisch gestützten Großmachtpolitik suchte. Das Symbol dieses Wandels und der neu gewonnenen westdeutschen Stärke war die im Frühjahr 1948 eingeführte neue Währung, die D-Mark. Freilich war diese Währung, neben ihren höchst pragmatischen Funktionen, nur das Symbol und keineswegs die Ursache der wiedergewonnenen deutschen Stärke in der Wirtschaft. Und diese Verwechslung von Ursache und Symbol sollte dann 1989 bei der Regierung in Paris zu einem Fehlschluss führen, der den Weg nach Maastricht und zum Euro eröffnete. Heute muss man erstaunt feststellen, dass Deutschland auch ohne die D-Mark (oder vielleicht sogar wegen deren Aufgabe?) wirtschaftlich so stark ist wie noch nie seit der Gründung der Bundesrepublik Deutschland im Jahr 1949. Es war vielmehr jene

Transformation vom Macht- zum Handelsstaat und eben nicht die Währung, die diesen Erfolg begründete.

Parallel zu dieser internen westdeutschen Transformation war unter dem Dach des Systems von Jalta auf der westlichen Seite des Eisernen Vorhangs, geschützt von einem kollektiven transatlantischen Sicherheitssystem, das durch die westliche Vormacht USA garantiert wurde und immer noch wird, ein ganz eigenes und völlig neues Staatensystem entstanden, nämlich die Europäische Union. Dieses beruhte auf friedlichem Interessenausgleich, der Verrechtlichung machtpolitischer Interessenkonflikte und der schrittweisen Integration der beteiligten westeuropäischen Staaten. Vor allem aber beruhte es auf der Überwindung der deutsch-französischen Erbfeindschaft, um so das Dauerproblem des europäischen Zentrums jenseits der Alternative von Hegemonie oder Teilung produktiv zu lösen. Aus der Sicht Frankreichs und anderer Staaten gab es aber nach der Wiedervereinigung Deutschlands erneut das Risiko einer – wenn auch nur noch wirtschaftlichen und währungspolitischen – Vorherrschaft des vereinigten Deutschlands. Dass der Versuch einer Lösung für dieses deutsche Hegemonieproblem mit der Währungsunion in Maastricht nicht gerade als gelungen angesehen werden kann, auch wenn er in seiner Grundrichtung einer verstärkten Integration angesichts der dramatischen historischen Umbrüche völlig richtig war, wurde weiter vorne ausführlich erörtert.

Ganz anders war die Geschichte Frankreichs verlaufen. Das Land befand sich von Anfang an in einer westlichen Rand- und nicht in einer Mittellage, war zugleich atlantisch und mediterran mit freiem Zugang zu den Weltmeeren, anders aber als England zugleich auch durch und durch eine europäische Kontinentalmacht. Frankreich kannte zwar ebenfalls die hegemoniale Versuchung, hatte jedoch weder die Last der kontinentalen Mittellage zu tragen noch das fortdauernde Erbe des »Heiligen Römischen Reiches«, auch wenn dessen Könige nur zu gern dieses Erbe übernommen hätten. Zudem war die tribalistische Tradition im sich herausbildenden Deutschland wesentlich stärker ausgeprägt als im damaligen westfränkischen Reich und erhielt sich in veränderter Form in der gerade entstehenden deutschen Nation. Die Stammesführer wurden zu mächtigen Herzögen, aus deren Reihe die deutschen Könige und Kaiser gewählt wurden. So geht auch heute noch z. B. der altbayrische Stolz und das Bewusstsein, unter den »deutschen Stämmen« (sprich Neudeutsch: Bundesländer) etwas Besonderes zu sein, unter anderem auf die Tatsache zurück, dass die staatliche Tradition Bayerns auf eine ungebrochene Kontinuität seit dem frühen Mittelalter zurückblicken kann. Zudem hielt der universalistische Anspruch des Kaisertums im Reich die Zentralgewalt schwach, weil es letztendlich vor allem eine Würde war, die nicht allein auf »Gottes Gnade« und Erbrecht, sondern höchst irdisch auf der Wahl durch die Großen des Reiches gründete. Diese mussten immer wieder durch die Übertragung von immer weiteren Rechten, Würden und Territorien bestochen werden, um eine Kaiserwahl gewinnen zu können. Dieser ganze Prozess trug daher, nebst der Tatsache, dass es sich beim Heiligen

Römischen Reich um ein multinationales Imperium handelte und angesichts der Entfernungen und der damaligen Infrastruktur zentralistisch eh kaum zu regieren war, zu einer nachhaltigen Schwächung des kaiserlichen Zentrums und zu einer Stärkung der größeren und wichtigeren Territorialherrscher, der sogenannten »Reichsstände,« bei. Die Zersplitterung war dem alten Reich also historisch und strukturell gewissermaßen in die Wiege gelegt worden. Diese Mittellage und der Universalismus waren nicht Frankreichs Problem, und so ging es als Land, das zugleich atlantisch und mediterran war und den Norden und Süden Europas in sich vereinigte, den Weg einer zunehmenden Zentralisierung. Im Hundertjährigen Krieg zwischen England und Frankreich im ausgehenden Mittelalter, in dem es vordergründig um dynastische Erbansprüche ging, wurde zum letzten Mal der Versuch abgewehrt, das Land zu einem Teil eines multinationalen Reiches im Westen Europas zu machen, und seitdem konnte es sich voll und ganz auf die innere Zentralisierung konzentrieren, die ein über eine lange Zeit andauernder und durchaus gewaltsamer Prozess war. Dabei spielte auch die Durchsetzung einer gemeinsamen Sprache, des Nordfranzösischen, eine wichtige Rolle. Bis heute fällt die unterschiedliche Bedeutung auf, die die Sprache in Frankreich und Deutschland hat, gerade auch innerhalb der europäischen Institutionen. In Frankreich ist Sprache immer politisch, in Deutschland nicht wirklich. In Frankreich ist die Hochsprache Ausdruck des inneren Einigungs- und Zentralisierungsprozesses, den es so in Deutschland niemals gegeben hatte.

Die Sprache Luthers in seiner ersten Bibelübersetzung hat zum Selbstverständnis der Deutschen als Nation gewiss viel beigetragen, aber dieses Selbstverständnis blieb eben überwiegend kulturell und wurde nicht politisch.

Der Norden setzte sich in der französischen Geschichte gegen den Süden durch, die Königsmacht gegen die Territorialherren. Und auch in der Reformation wurde unter Einsatz von viel Gewalt die Entscheidung zugunsten des einen katholischen Glaubens und der Macht des zentralistischen Königtums herbeigeführt. Frankreich musste, um nach außen schlagkräftig zu werden, gewissermaßen durch innere Zentralisierung nachholen, was dem alten Deutschen Reich quasi von selbst gegeben war, die Macht durch die zentrale Lage.

Vergleicht man die deutsche und französische Geschichte seit der frühen Moderne, so fällt auf, dass Frankreich gezwungen war, sehr langfristige Strategien zur Ausdehnung seiner Macht zu verfolgen, und dies mit unglaublicher Zähigkeit und mit viel Geschick auch tatsächlich über viele Generationen hinweg durchhielt. In Deutschland gibt es keine auch nur in Ansätzen vergleichbare strategische Tradition und schon gar nicht eine über die Generationen hinwegreichende einheitliche politische Kultur, die der Durchsetzung langfristiger nationaler Interessen und Ziele verpflichtet wären.

Frankreichs innere Zentralisierung setzte das Land in außenpolitische Macht und Einfluss um, d. h. eine erfolgreiche Mischung aus Hard (militärisch) und Soft Power (diplomatisch, normativ, sprachlich, wirtschaftlich, kulturell), wie man dies heute nennt. Ja, Frankreich entwickelte eine eigene Zivilisationsidee und Sicht auf die Welt, eine Tatsache, die bis heute Auswirkungen hat, auch wenn deren Grundlagen in unseren Tagen immer schwächer werden. Nichts Vergleichbares lässt sich der deutschen Geschichte entnehmen. Deutschland und Frankreich waren gewissermaßen vom selben Ausgangspunkt gestartet, nämlich vom gemeinsamen Reich der Franken und von Carolus Magnus. Aber das historische Pech wollte es, dass dieser über drei männliche Enkel verfügte und nicht nur über zwei, unter denen das karolingisch-fränkische Reich in drei Teile aufgeteilt wurde. Der Streit um den mittleren Erbteil, die eigentlichen karolingischen Stammlande, hielt über die Jahrhunderte hinweg an und vergiftete die deutsch-französischen Beziehungen. Der östliche Teil, der zu Deutschland wurde, übernahm ab den Ottonen dauerhaft das Reich, den »Reichsgedanken« und die Kaiserwürde und bei der Aufteilung des mittleren karolingischen Erbteils auch dessen größeren Teil. Der westliche Teil, aus dem sich Frankreich herausbilden sollte, verfolgte schließlich erfolgreich über die Jahrhunderte hinweg – zuerst dynastisch motiviert, später dann mittels der strategischen Rechtfertigung »natürlicher Grenzen« wie der Alpen und des Rheins – faktisch eine Revision der Aufteilung des mittleren Teils der karolingischen Erbteilung. Freilich verlief die politische Grenzziehung niemals entlang der realen Sprachengrenze zwischen Deutschen und Franzosen. Diese Tatsache sollte vor allem in der Neuzeit, als Nation, Sprache und die Legitimation der Grenzen überall verschmolzen, noch sehr viel Unheil anrichten. Lothringer, Elsässer und Saarländer können viel von dieser tragischen Geschichte erzählen.

Nach der Frage, was es für die französisch-englische Geschichte und damit für die Entwicklung Europas geheißen hätte, wenn der Hundertjährige Krieg zugunsten Englands entschieden worden wäre, stößt man hier auf die noch sehr viel spannendere Frage, wie sich denn die deutsch-französischen Beziehungen entwickelt hätten, wenn es dem Haus Valois im Spätmittelalter in Burgund tatsächlich gelungen wäre, eine machtpolitische Restauration des mittleren Erbteils der karolingischen Erbfolge auf Dauer durchzusetzen. Die Geschichte verlief anders. Der burgundische Erbfall und der sich daran anschließende Streit um dieses Erbe zwischen den französischen Königen und habsburgischen Kaisern sollten den Beginn der modernen Konfrontation zwischen Deutschland und Frankreich einleiten, die schlussendlich erst 1945 entschieden wurde.

Nichts ist so widersinnig und findet sich doch zugleich so häufig in der Geschichte wie die Feindschaft zwischen Nachbarn. Dieser Widersinn ist die beste Garantie für eine lang anhaltende Auseinandersetzung, die oft erst nach zahllosen Opfern irgendwann mit einem Kompromiss endet. Insofern kann man die deutsch-französische Erbfeindschaft fast als exemplarisch bezeichnen. Und weil beide Nationen und ihre Staaten zu den mächtigsten in Europa gehörten und gehören, hat diese Jahrhunderte andauernde deutsch-französische Rivalität Europa mit der Industrialisierung seit der Mitte des 19. Jahrhunderts (und d.h.

einer Vervielfachung der militärischen Zerstörungskraft) schließlich im 20. Jahrhundert in den Abgrund gestürzt.

Das Verhältnis von Deutschland und Frankreich war nicht die alleinige, wohl aber die zentrale Ursache für die Selbstzerstörung Europas in jenem zweiten dreißigjährigen Krieg im 20. Jahrhundert. Und es bildete und bildet gerade deshalb auch die entscheidende Kraft und zugleich das Fundament für einen Neuanfang nach 1945, nämlich für die neue, politisch integrative Ordnung der EU. Gewiss waren damals, nach dem Zweiten Weltkrieg, mit der totalen deutschen Niederlage, dem Verlust von einem Drittel des deutschen Staatsgebiets im Osten (begleitet von der Auflösung Preußens als Staat und damit auch der mentalen und nicht nur geopolitischen Westverschiebung Deutschlands), von Millionen Flüchtlingen und Heimatvertriebenen und der Teilung des Landes in Ost und West die Bedingungen dafür gegeben, dass es zu einer deutsch-französischen Aussöhnung kommen konnte. Aber es bedurfte dazu noch überragender Persönlichkeiten wie Adenauer und de Gaulle und großer Staatskunst, um nur wenige Jahre nach dem Zweiten Weltkrieg eine solche historische Wende zwischen Westdeutschland und Frankreich durchzusetzen.

Die EU hat sich im Laufe der Jahrzehnte von den ursprünglichen sechs »karolingischen« Mitgliedstaaten (Frankreich, [West-]Deutschland, Italien, Benelux) der Europäischen Wirtschaftsgemeinschaft (EWG) auf heute 28 Mitgliedstaaten ausgedehnt, und mit dieser Mitgliederzahl ist das Ende der Beitritte noch nicht erreicht. Aber auch heute gilt immer noch, was 1957 gewissermaßen selbstevident war, nämlich dass die deutsch-französische Partnerschaft das Fundament und zugleich der Motor dieser neuen europäischen Gemeinschaft war. Und das hat sich bis heute auch in der erweiterten Union nicht geändert. Deutschland und Frankreich sind nicht stark genug, die EU 28 allein zu führen, dazu bedarf es eines sehr viel breiteren Konsenses unter den Mitgliedstaaten. Aber beide Staaten sind jeweils stark genug, um jeglichen Fortschritt der EU zu blockieren, wenn sie sich nicht einig sind. Ist sich dieses so ungleiche deutsch-französische Paar allerdings einig und beginnt deren »Motor« rundzulaufen und zu arbeiten, dann ist sehr vieles möglich, auch in der erweiterten EU.

Die deutsch-französische Partnerschaft hat zudem neue wirtschaftliche Realitäten geschaffen. Die beiden Nachbarn am Rhein sind heute wirtschaftlich auf das Engste miteinander verflochten und sind für ihre jeweiligen nationalen Volkswirtschaften die wichtigsten Exportmärkte. Wenn man daher um die Bedeutung des deutsch-französischen Ausgleichs als Fundament der EU bis auf den heutigen Tag weiß, gehen alle Vorschläge zur Lösung der gegenwärtigen europäischen Krise, die nicht auf eine vertiefte Integration abzielen, um so eine Wiederkehr des deutsch-französischen Konflikts zu verunmöglichen, oder die gar auf die erneute Institutionalisierung dieses Konflikts hinauslaufen, in eine gefährliche Richtung. Dazu gehört auch die Forderung nach einer Aufteilung der europäischen Währungsunion in einen südlichen »schwachen Euro«

und einen nördlichen »starken Euro«, denn wo würde sich in einem solchen Modell Frankreich zuordnen? Würde es den Süden anführen, so wäre das die Re-institutionalisierung des deutsch-französischen Konflikts in der Mitte Europas, der zwar nicht mehr zu einer militärischen Konfrontation, wohl aber zu sehr schweren politischen und wirtschaftlichen Verwerfungen in der Mitte Europas führen würde und somit das Ende der EU mit schwer absehbaren Folgen nach sich zöge. Würde Frankreich Mitglied im nördlichen Euro werden, so müsste es sich von seiner mediterranen Seite trennen und zudem die dauerhafte Vorherrschaft Deutschlands in diesem Währungsverbund ohne dessen südeuropäischen Ausgleich akzeptieren. Beides kann und wird Frankreich niemals tun.

Das Drama in der deutsch-französischen Beziehung, im positiven Fall: deren Produktivität, besteht darin, dass es kaum ein Problem gibt, für das die beiden Seiten nicht jeweils völlig unterschiedliche Lösungsansätze und Methoden entwickeln, von denen sie dann jeweils felsenfest überzeugt sind, obwohl meistens beides erfolgversprechende Wege zum selben Ziel sind. Nachzugeben in der Entscheidungsfrage fällt aber beiden Seiten gleichermaßen schwer. Der tatsächliche Unterschied liegt in der Regel in der Differenz der historisch gewachsenen Mentalitäten, und dieser schwierigste Punkt im deutsch-französischen Verhältnis betrifft in der einen oder anderen Form auch alle anderen Mitgliedstaaten der EU, ja sogar das Verhältnis von Nord und Süd in der Union. Gelingt allerdings ein deutsch-französischer Kompromiss, so zeigt er die ganze Produktivität, die aus Unterschieden entstehen kann, und die EU bewegt sich voran.

Auch wenn sich beide Nationen auf dieselben karolingischen Wurzeln zurückführen, so sind Deutsche und Franzosen bis auf den heutigen Tag so unterschiedlich geblieben, wie es nur Geschwister sein können, die derselben Familie entstammen: zentralistisch bis hin zu einer bürgerlich getarnten Monarchie in der Fünften Republik, macht- und zivilisationsbewusst und einer kühlen Machtrationalität nach außen verpflichtet, mit einem erheblichen Chaospotenzial im Innern die einen, dezentral bis hin zum Tribalismus mit einem gehörigen Schuss Provinzialität und zugleich nie ermüdender wirtschaftlicher Effizienz die anderen. Seit der erneuten staatlichen Einheit gibt es auch wieder jene eigentümliche deutsche Mischung aus romantisch moralisierendem Idealismus und Innenschau in der Außenpolitik. Im Innern ist Deutschland endlich demokratisch geworden, mit starker Konsenskultur und Ordnungssinn. Die linke Rheinseite sieht sich nach wie vor als (zwar immer kleiner werdende) Weltmacht, mit Territorien und Interessen außerhalb Europas, als Atommacht und ständiges Sicherheitsratsmitglied der Vereinten Nationen; die rechte Rheinseite ist die europäische Wirtschaftsmacht schlechthin, die trotz all ihrer Exporterfolge im globalen Maßstab aber ebenfalls immer kleiner wird, d. h., beide Seiten befinden sich im 21. Jahrhundert in einem zumindest relativen, wenn nicht gar absoluten Abstieg, ohne dass sie aktiv dagegen ohne das größere Europa im Rücken etwas unternehmen könnten, denn weder strategisch-politisch noch wirtschaftlich verfügen sie weiterhin über die notwendigen Potenziale und Größenordnungen, um dauerhaft allein eine eigenständige Rolle auf der Weltbühne spielen zu können. Deutschlands Vorteil ist gegenwärtig, dass wirtschaftliche Stärke in der Welt von heute mehr zählt als klassische Machtpolitik. Frankreichs Nachteil hingegen ist ein zweifacher: Es ist nicht nur die wirtschaftliche Überlegenheit Deutschlands, sondern, sehr viel wichtiger noch: Aufgrund dringend notwendiger, aber bisher weitgehend verzögerter innenpolitischer Reformen erodieren die wirtschaftlichen Grundlagen seiner machtpolitischen Stärke anhaltend.

Dass die EU nicht wirklich aus ihrer schweren Wirtschaftskrise herausfindet, liegt aber vor allem am deutsch-französischen Paar und seiner gemeinsamen »Zukunftsverweigerung«. Denn sowohl Berlin als auch Paris haben eine innenpolitisch getriebene Angst davor, öffentlich die politischen wie wirtschaftlichen und finanziellen Konsequenzen aus der Krise der Währungsunion zu ziehen und gemeinsam einen machbaren Plan für die nächste Stufe der Integration der Währungsunion zu entwickeln. Sie fürchten die damit einhergehende innenpolitische Kontroverse, aber je länger die deutsche und die französische Regierung aus Angst vor einem innenpolitischen Stimmenzuwachs für euroskeptische und nationalistische Parteien schweigen, desto größer wird das politische Vakuum, das bei der letzten Europawahl deutlich sichtbar wurde und das von den Nationalisten erfolgreich ausgefüllt wurde.

Die Antieuropäer wissen sehr genau, wogegen sie sind, und polemisieren lautstark gegen die europäische

Integration. Die Führung des proeuropäischen Lagers schweigt hingegen, gibt keine neuen Ziele vor und verfährt nach der Devise »Angst essen Seele auf«. Wer so in eine politische Schlacht zieht, hat schon verloren, bevor er diese auch nur begonnen hat. Nur wenn die Regierungen in Berlin und Paris ihre Ängste hinter sich lassen und nicht mehr an die nächsten Wahlen denken, sondern endlich an die Zukunft Europas, einen gemeinsamen Weg aus der Krise durch weitere Integration vorlegen und mit offenem Visier dafür kämpfen, werden sie die Lage ändern können.

Eine Lösung der europäischen Krise wird gegenwärtig durch das deutsch-französische Paar blockiert, da beide Nationen mit ihren zentralen Herausforderungen nicht umzugehen wissen: Deutschland weiß nicht, wie es mit seiner ungewollten Führungsrolle und Führungsverantwortung innerhalb der Eurogruppe und der EU zurechtkommen soll. Darüber hat es auch niemals eine wirkliche öffentliche Debatte gegeben. Man verschreibt auch deshalb die üblichen deutschen Sparrezepte, die in den Krisenländern nur bedingt bis gar nicht funktionieren können, weil die Bedingungen dort eben sehr anders sind als in der deutschen Volkswirtschaft. Ansonsten fürchtet man die Rolle des Zahlmeisters in der EU und pflegt seine Enteignungsängste. Frankreich plagt sich seit Jahren mit der nicht gewollten Globalisierung, die sowohl auf der Linken wie auf der Rechten viel zu lange als eine angelsächsisch-amerikanische Verschwörung betrachtet wurde, fast als eine nationale Demütigung, die sich gegen die französische Lebensart und seine politische und wirtschaftliche

Kultur richtet. Mittlerweile muss man aber feststellen, dass der Aufstieg der Schwellenländer, angeführt von China, keine Fiktion im Interesse einer Verschwörung der angelsächsisch dominierten Finanzmärkte, sondern ganz im Gegenteil höchst real ist, wie die Konkurrenz für die französische Autoindustrie aus Fernost zeigt.

Wenn man schon mit den eigenen Selbstfindungsproblemen nicht zurechtkommt und vor allem das Denken und Handeln im Klein-Klein pragmatischer Alltagspolitik gewöhnt ist, erzeugen historische Fragen Angst. Und beide, Deutschland und Frankreich, stehen nicht nur vor einer gemeinsamen historischen Herausforderung, die Einheit Europas zu verwirklichen, sondern jeder für sich auch vor einer jeweils ganz spezifischen: Deutschland vor der Herausforderung der fiskalischen Vergemeinschaftung und Frankreich vor der politischen Souveränitätsfrage. Da aber beide Regierungen vor allem durch ihre jeweiligen innenpolitischen Ängste getrieben werden und nicht führen, versuchen sie, diesen jeweils entscheidenden Fragen durch Ignoranz und Schweigen zu entkommen, doch die Krise wird Europa zur Bewegung zwingen: vorwärts oder zurück, geplant und gewollt oder verängstigt und chaotisch, nur die Fortdauer des Status quo existiert nicht als Alternative.

In den meisten Mitgliedstaaten der EU grassieren angesichts dieses dramatischen politischen und ökonomischen Wandels zulasten Europas Verlust- und Abstiegsängste, für die die Europäische Union als Sündenbock herhalten muss, während plötzlich der gute alte Nationalstaat wieder als Hort der Sicherheit verklärt wird. Tatsächlich aber ist es gerade umgekehrt, denn nur eine starke zusammenwachsende EU wird die Interessen der Europäer verteidigen können, nicht aber die immer schwächer werdenden Nationalstaaten. Was zählen denn noch selbst die drei größten und mächtigsten Mitgliedstaaten der EU – Deutschland (größte Bevölkerungszahl und Volkswirtschaft), Frankreich (zweitgrößte Bevölkerungszahl und Volkswirtschaft in der EU, Atommacht und ständiges Sicherheitsratsmitglied) und Großbritannien (drittgrößte Bevölkerungszahl und Volkswirtschaft, Atommacht und ständiges Sicherheitsratsmitglied) – in dieser neuen Welt der Globalisierung, wo sie es mit politischen und wirtschaftlichen XXL-Mächten zu tun haben wie China, Indien, Brasilien, Russland, USA: allesamt Staaten und Volkswirtschaften von kontinentalen oder subkontinentalen Größenordnungen. Die Antwort ist recht einfach: Die alten europäischen Mächte zählen in dieser neuen Weltordnung des 21. Jahrhunderts nicht mehr viel. Selbst den »großen Drei« der EU droht ohne den Erfolg des europäischen Einigungsprojekts das Schicksal, im globalen Maßstab wirtschaftlich und politisch zu »mittelständischen Unternehmen« abzusteigen, die nur noch »zuliefern« dürfen, die wichtigen Entscheidungen aber werden andernorts durch die »großen Unternehmen« getroffen werden. Die Europäer werden sie dann bloß noch zur Kenntnis nehmen und nachvollziehen dürfen.

Europa, das sich über eine lange Zeit hinweg als der entscheidende Akteur auf der Weltbühne verstanden hat, droht im 21. Jahrhundert zu einer Macht auf einer

Provinzbühne zu werden. Dies wäre für sich genommen kein beklagenswerter Vorgang, denn der Aufstieg und Niedergang großer Mächte ist in der Geschichte kein ungewöhnlicher Vorgang, und »Größe« ist kein erstrebenswerter Wert an sich. Gleichwohl wird ein solcher Niedergang, der im Wesentlichen auf hausgemachter, selbst verschuldeter Schwäche beruht, ganz erhebliche Konsequenzen für den politischen und wirtschaftlichen Status der Europäer haben. Von außen betrachtet sind die Europäer heute reich, alt und schwach, und das ist keine Kombination, die in einer unruhigen und rauen Welt hungriger Aufsteiger Sicherheit und Ruhe verspricht. Sollten daher die Europäer nicht in der Lage sein, sich neu zu organisieren und ihre Interessen zu verteidigen, so wird es nicht allzu lange dauern, bis die Weltmächte des 21. Jahrhunderts versuchen werden, Europa in ihre jeweiligen Interessensphären herüberzuziehen. Traditionellerweise hatte man in Westeuropa und Nordamerika immer die Deutschen und die Russen im Verdacht, ein eigenes mittel-/osteuropäisches Bündnis entlang der Achse »deutsche Effizienz und Technologie plus russische Rohstoffe« aufbauen zu wollen, aber dies hat niemals wirklich funktioniert und wird auch in Zukunft nicht zustande kommen, noch weniger sogar als in der Vergangenheit. Wie aber würde sich z. B. Deutschland verhalten, das mit seiner Exportlastigkeit immer stärker von den beiden großen Märkten China und den USA abhängig sein wird, wenn China eines Tages damit anfangen würde, gegen die USA um Europa oder Teile von ihm zu konkurrieren? Ist die deutsche Westverankerung, der deutsche Transatlantismus, wirklich endgültig? Noch vor Kurzem hätte ich eindeutig Ja gesagt, muss aber eingestehen, dass ich mir bei dieser Einschätzung angesichts der Reaktion der deutschen Öffentlichkeit auf die Krim- und Ukrainekrise keineswegs mehr völlig sicher bin. Will Deutschland und mit ihm Europa mit solchen durchaus realistischen Risiken in der Zukunft erst gar nicht konfrontiert werden, so wird es die politische Einigung des Kontinents vollenden müssen, denn für ein vereintes Europa würden sich solche Risiken, die die Gefahr neuer Teilungen des europäischen Kontinents mit sich bringen können, erst gar nicht stellen.

Um in einer *posteuropäischen Welt* zu bestehen, die nicht irgendwann kommen wird, sondern bereits seit einigen Jahren existiert, die eigenen Interessen wirksam vertreten zu können, wird sich die EU im Interesse ihrer Bürger neu organisieren, d. h. sehr viel enger politisch zusammenrücken und integrieren müssen, als dies bisher der Fall gewesen ist. Wenn die Europäer und ihre Staaten nicht zusammenfinden, ist deren weiterer wirtschaftlicher und geopolitischer Abstieg mit massiven Folgen für deren wirtschaftliche Wettbewerbsposition und damit eine weitere Gefährdung der Finanzierbarkeit ihrer sehr teuren Sozialstaaten gewiss. Damit wird aber auch die innere wie äußere politische Stabilität gefährdet werden. Hinzu kommen, zunehmend spürbar, noch die weiter anwachsenden Lasten der demografischen Revolution in den schrumpfenden und immer älter werdenden europäischen Gesellschaften, deren Anteil an der Weltbevölkerung weiter sinken wird und die deshalb dringend auf Einwanderung angewiesen sein werden, gegen die sie sich andererseits aber schon heute mit Händen und Füßen zu wehren versuchen. Auch wenn es so klingen mag, aber all das ist keine weitere Variante der Spengleriade vom »Untergang des Abendlandes«, sondern eine konkrete Entscheidungssituation für die gegenwärtige Politik in der EU und ihren Mitgliedstaaten.

Die geforderte Führung kann nur von Deutschland und Frankreich gemeinsam ausgehen, von wem sonst? Denn in ihrem Kern war, wie dargestellt, die europäische Einigung immer ein deutsch-französisches Projekt (mit Italien als Balancefaktor) – was selbstverständlich all die anderen Partner ein- und nicht ausschließt – und kein deutsches, französisches oder gemeinsames Hegemonialprojekt unter veränderten Bedingungen. Verabschiedeten sich beide oder auch nur ein Teil des deutsch-französischen Duos von diesem europäischen Projekt, so wäre es damit definitiv am Ende. Solange Deutschland und Frankreich aber daran festhalten, wird es trotz schwerster Stürme immer eine Zukunft haben. Freilich ist es gerade gegenwärtig um die deutsch-französische Beziehung sehr schlecht bestellt: Man kann, ohne zu übertreiben, einen historischen Tiefststand feststellen und muss gar von seiner akuten Gefährdung ausgehen. Denn die historische Voraussetzung der engen deutsch-französischen Beziehungen war eine klare Arbeitsteilung und die Gleichrangigkeit zwischen Frankreich und Deutschland. Deutschland dominierte die Wirtschaft des gemeinsamen Marktes, Frankreich die Politik Europas.

Durch die deutsche Teilung waren die gleichen Größen zwischen Westdeutschland und Frankreich gegeben, seit der deutschen Einheit ist dieses Faktum dahin, wie gerade die jüngsten europäischen Krisen sichtbar haben werden lassen. Bedingt durch die aktuelle Finanzkrise und deren Folgen und die strukturell starke deutsche Exportposition wie auch durch die höhere Wettbewerbsfähigkeit der deutschen Wirtschaft und stärkere interne Stabilität des politischen Systems, hat sich Deutschland faktisch zum Hegemon innerhalb der Eurogruppe entwickelt – so die aktuelle französische Sichtweise, die keineswegs nur von den Parteien am linken und rechten Rand des politischen Spektrums Frankreichs und deren Wähler geteilt wird, sondern weit ins bürgerliche Zentrum hineinreicht. Dieser »Hegemon« arbeitet anscheinend vor allem an der Wahrung seiner eigenen Interessen mittels einer Politik der Austerität, weniger an einer gesamteuropäischen Rettungsstrategie. Deutschland sieht umgekehrt die Ursachen für die gegenwärtige französische Malaise vor allem in dem seit Jahren und über mehrere Präsidentschaften hinweg anhaltenden innenpolitischen Reformstau (35-Stunden-Woche, zu hohe Staatsverschuldung, zu hoher Staatsanteil an der französischen Wirtschaft, der ihre internationale Wettbewerbsfähigkeit hemmt, etc.). Wer immer von den beiden Seiten da auch recht haben mag, wie so oft in dieser schwierigen deutsch-französischen Beziehung wahrscheinlich sogar beide, es bleibt festzuhalten, dass sich beide Seiten in ihren Diagnosen und Lösungsvorstellungen sehr weit voneinander entfernt haben und Frankreich es als eine besondere Demütigung empfindet, in der europäischen Krise anscheinend unter deutschem Druck handeln zu müssen, in französischen Augen ein Beweis für das Ende der Gleichrangigkeit und ein Souveränitätsverlust sondergleichen. Unter diesen Bedingungen eine gemeinsame Rettungsinitiative für Europa vom deutsch-französischen Paar zu erwarten, setzte voraus, dass Deutschland als der momentan stärkere Partner bereit wäre, große Schritte auf Frankreich zuzugehen, um so das europäische Projekt zu retten. Es bleibt daher die offene Frage, ob Angela Merkel, die deutsche Bundeskanzlerin, zu einem solchen sehr viel Mut erfordernden Schritt über die innenpolitische Kraft und den dafür notwendigen Weitblick verfügt. Man wird es sehen. Wenn nicht, dann wird es so eng werden wie selten zuvor in der Geschichte der deutsch- französischen Beziehungen seit der Unterzeichnung des Élysée-Vertrags im Januar 1963.

Die strategische Krise Europas

Die Finanz- und Souveränitätskrise Europas wäre für sich allein genommen schon eine gewaltige Herausforderung und gefährlich genug für die EU. Aber diese Krise findet darüber hinaus in einer globalen Transformationsphase statt, in der sich die Welt jenseits von Europa durch den Aufstieg der Schwellenländer mit ihren riesigen Bevölkerungen und ihren Machtansprüchen politisch und wirtschaftlich völlig neu aufstellt, und diese Neuaufstellung vollzieht sich in großer Geschwindigkeit. Die Welt der europäischen Vorherrschaft, ja selbst die der Vormacht des Westens, angeführt von den USA, existiert jenseits der europäischen/nordamerikanischen Grenzen nur noch sehr eingeschränkt und ist im Niedergang begriffen. Hinzu kommen ein weiter anhaltendes Bevölkerungswachstum der Menschheit bei heute über sieben Milliarden Menschen, das sich vor allem auf die Schwellen- und Entwicklungsländer konzentriert und zu einem enormen quantitativen und qualitativen ökonomischen Wachstumsdruck führt sowie zu einer Überforderung der natürlichen Ressourcen und regionaler und globaler Ökosysteme. Angesichts dieser dramatischen Veränderungen und Verschiebungen auf globaler Ebene wirkt der europäische Staatenzirkus fast unernst und der europäische Hang zur Selbstbeschäftigung, zur Introspektion und Rivalität nicht einmal mehr komisch.

Die EU-Europäer werden bei genauerem Hinsehen sogar mit einer doppelten Krise konfrontiert, nämlich mit einer als ökonomische Krise erscheinenden *Souveränitätskrise*, über die alle Welt spricht, und mit einer fast noch schwereren *Strategiekrise*, nämlich dem nahezu völligen Zusammenbruch strategischen Denkens und Handelns in Europa, über die in der breiteren Öffentlichkeit bis zu Wladimir Putins Annexion der Krim kaum gesprochen wurde und die bis dahin allenfalls noch einige wenige Außen- und Sicherheitspolitikexperten interessierte, die als unzeitgemäße Dinosaurier des Kalten Krieges gelten. Allein Frankreich, bisweilen unterstützt von Großbritannien, hatte fast verzweifelt versucht, mit immer geringer werdenden Mitteln gegenzusteuern, aber es stand bis zur Krise um die Ukraine dabei ziemlich allein auf weiter europäischer Flur. Dabei ist Europa in seiner Nachbarschaft sehr viel stärker strategisch gefordert als etwa die USA: Russland, die Ukraine, Weißrussland, Moldawien, die Türkei, der Kaukasus, der kaspische Raum und Zentralasien, der Nahe und Mittlere Osten mit seiner Überkomplexität an Konflikten und Krisen und der große afrikanische Kontinent liegen quasi vor seiner Haustür oder in dessen unmittelbarer Nähe. Und der Balkan ist sogar ein Teil des Hauses Europa. Hinzu kommt seine hohe Abhängigkeit von Energieimporten, vorneweg aus Russland, die als strategisches Druckmittel eingesetzt werden können. Angesichts seiner exponierten Lage kann sich Europa sicherheitspolitisch eigentlich keine strategische Auszeit leisten, aber genau diese hat seit mehr als einem Jahrzehnt stattgefunden. Man kann nur hoffen, dass die jüngste Krise in der Ukraine die Europäer wach gerüttelt hat und dass sie die Verantwortung für ihre eigene Sicherheit, ihre Werte und ihre Interessen erkennen.

Denn zum ersten Mal seit dem Ende des Kalten Krieges befindet sich die EU, gemeinsam mit ihren transatlantischen Partnern, in einer direkten politischen Konfrontation mit Russland. Ursache dafür ist Wladimir Putins Versuch einer Revision der postsowjetischen Staatenordnung in Osteuropa unter Einsatz von militärischer Gewalt. Die Europäer waren in diese Konfrontation ohne böse Absicht quasi hineingetappt, indem sie der Ukraine einen Handelsvertrag in Gestalt eines »Assoziierungsabkommens« anboten, weil die Verhandlungen darüber halt erfolgreich beendet werden konnten, nicht wissend um die dadurch ausgelösten Konsequenzen in Moskau. Mit Wladimir Putins *Eurasischer Union* als Alternative, ja Gegenmodell zur *Europäischen Union* hat ironischerweise der russische Präsident die EU sehr viel ernster genommen, als dies für viele Europäer in jüngster Zeit selbst galt.

Die Krise in der Ukraine ist für die EU nichts weniger als eine historische Zäsur, weil sie plötzlich außenpolitisch als Akteur gefragt ist und Verantwortung übernehmen muss, wofür sie eigentlich nicht konstruiert wurde. Während des Kosovokrieges zeichnete sich bereits eine ähnliche Konfrontation ab, aber die Verhältnisse waren doch anders: Die Hauptakteure waren damals die USA und die NATO, nicht aber die EU. Russland war in einer anderen Lage, und der Konflikt betraf den Kosovo, Serbien und den Balkan, nicht einen wichtigen Bestandteil der ehemaligen Sowjetunion, der nach 1991 unabhängig geworden war, die Ukraine. Dabei ging es mit dem Assoziierungsabkommen aus Sicht Europas niemals um die Vereinnahmung der Ukraine, vielmehr um die Garantie ihrer staatlichen Unabhängigkeit und demokratischen Entscheidungsfreiheit, um die Grundprinzipien Europas also und um den Bestand der postsowjetischen Staatenordnung in Osteuropa, an deren Erhalt die EU und der Westen ein essenzielles Interesse haben. Die russische Politik unter Präsident Putin verfolgt jedoch diametral entgegengesetzte Ziele, denn sie betrachtet den osteuropäischen Status quo als Demütigung Russlands. Diese Tatsache nicht begriffen zu haben, war der eigentliche Fehler der Ukrainepolitik der EU.

Wladimir Putin verfolgt seit seiner ersten Amtszeit stringent drei strategische Ziele: Russland soll sich erstens wirtschaftlich und politisch wieder von den Knien erheben, vor allem gegenüber dem Westen, auf die es in den 90er-Jahren nach dem Zusammenbruch der Sowjetunion gesunken war. Dieses Ziel will er mittels der Integration Russlands in die Weltwirtschaft erreichen. Es soll zweitens seinen Weltmachtstatus wiedererlangen, und dazu bedarf es der verloren gegangenen Gebiete in Zentralasien, im kaspischen Raum und am Kaukasus, vor allem aber der Ukraine (die Frage der baltischen Staaten wird dabei auf die lange Bank geschoben, da sie EU- und NATO-Mitglieder sind, aber keineswegs aufgehoben). Und es soll drittens als weltpolitischer Akteur seinen Einfluss so weit wie möglich wieder ausbauen und dabei Konflikte mit dem Westen nicht scheuen (siehe dazu Syrien und Iran als Beispiele). Vor allem mit seinem Ziel, Russland wieder zur Weltmacht zu machen, musste die russische Politik unter Putin über kurz oder lang in einen massiven Konflikt mit dem Westen geraten. Dass dabei die machtpolitisch harmlose EU an erster Stelle stehen würde, hatte aber niemand erwartet, am wenigsten Brüssel selbst. Dabei war diese Entwicklung im Rückblick abzusehen gewesen, denn durch die Osterweiterung der EU hatten sich mit den neuen Mitgliedstaaten aus dem Baltikum, Polen, Tschechien, Slowakei, Ungarn, Rumänien und Bulgarien die Interessen der Gemeinschaft nach Osten verlagert und es waren neue Ängste und Sicherheitsinteressen entstanden.

Zudem gibt es für eine neue Rolle der EU noch einen weiteren Grund, der in der Logik des russischen Revisionsversuchs verborgen liegt: Um mit seiner Politik der Wiederherstellung des Weltmachtstatus Russlands erfolgreich zu sein, bedarf es neben des erneuten Anschlusses der nach 1991 verloren gegangenen Gebiete noch eines weiteren Schritts, nämlich des direkten Zugangs Russlands zu Europa und der Wiederherstellung seines Einflusses dort als Großmacht, zumindest in Osteuropa. Man vergesse nicht, dass der Aufstieg Russlands zur Weltmacht historisch ganz entscheidend durch seine Westausdehnung tief nach Europa hinein ermöglicht wurde, ja dass diese Westausdehnung dafür gewissermaßen die *conditio sine qua non* war. Hier findet sich auch der Grund, warum der Konflikt um die Ukraine nicht durch einen pragmatischen Kompromiss schnell ein Ende finden kann: Putin versucht mit seiner Eurasischen Union nichts Geringeres als eine direkte Alternative zur Europäischen Union als machtpolitisches Vehikel Moskaus auf dem europäischen Kontinent aufzubauen, deren ideologische Legitimation sich im Kampf des *ewigen Russland*s gegen die Dekadenz des Westens findet. Es ist auch nur eine Frage der Zeit, bis die russische Politik mit ihrer Eurasischen Union in Richtung Balkan ausgreifen wird. Betrachtet man die jüngste Krise in der Ukraine und den militärisch erzwungenen Anschluss der Krim an Russland, so ist klar, dass es Moskau nie nur um die Krim ging, sondern um sehr viel mehr, nämlich um die ganze Ukraine und darüber hinaus um seinen Sonderstatus als Großmacht zumindest in Teilen Europas. Das alte (sowjetische) Imperium und seine Einflusszone soll ganz offensichtlich mit den alten Mitteln der Machtpolitik wiederhergestellt werden, so weit es ohne großen Krieg mit dem Westen nur geht. Der Augenblick scheint aus Moskauer Sicht günstig zu sein.

Denn der Westen ist aus der russischen Perspektive so schwach wie nie zuvor seit dem Ende des Kalten Krieges. Die USA befinden sich global zumindest auf einem Teilrückzug, sind durch die Folgen der Finanzkrise und ihre Überdehnung durch sinnlose Kriege gezwungen, ihr Militärbudget zu senken (während China und Russland dieses kräftig erhöhen), und ihr Präsident zieht – so geschehen im Falle Syriens bei der Verwendung von Giftgas gegen die dortige Bevölkerung durch die eigene Regierung – rote Linien, die keinerlei Konsequenzen haben. Er muss sogar von dem russischen Präsidenten vor einer innenpolitischen Niederlage gerettet werden. (Obamas drohende Niederlage im Kongress wurde abgewehrt durch die Abrüstung der syrischen Chemiewaffen, die Russland in Damaskus durchgesetzt hat.) Und die Europäer sind zerstritten wie immer, militärisch desinteressiert und schwach und wurden zudem über Jahre hinweg durch ihre hausgemachten Illusionen über den Segen europäisch-russischer Kooperation, russisches Geld und Geschäft in ihrem friedlichen Wolkenkuckucksheim eingeschläfert.

Eines der wichtigsten Instrumente zur Durchsetzung dieser strategisch geplanten »stillen« Expansionspolitik Russlands war diesmal nicht das Militär, sondern der russische Energieexport und russische Staatsunternehmen, deren Auslandsinvestitionen direkt vom Kreml beeinflusst und weniger als wirtschaftliche Entscheidungen denn als machtpolitische Hebel angesehen werden. So wurden und werden etwa, entgegen aller wirtschaftlichen Logik, gewaltige Summen mit den beiden Pipelines North Stream (Ostsee) und South Stream (Schwarzes Meer) versenkt, um die Ukraine als Transitland für russisches Gas nach Europa zu umgehen und diese dann mittels der drohenden Blockade von Gaslieferungen unter Druck setzen zu können. Nun haben sich die Ereignisse im Herbst/Winter 2013 überschlagen und alle Seiten stehen vor einer völlig veränderten Realität.

Moskau dachte, dass es Europa durch den Plan des damaligen ukrainischen Präsidenten Janukowitsch, nicht seine Unterschrift unter das ausverhandelte Assoziierungsabkommen mit Brüssel zu setzen und stattdessen der Zollunion mit Russland beizutreten, geschickt und völlig friedlich ausmanövriert hätte. Damit hätte die Ukraine den entscheidenden Schritt zurück in den Orbit Moskaus getan. Wie wir heute wissen, wurde diese Rechnung aber ohne wesentliche Teile der ukrainischen Bevölkerung gemacht, denn was folgte, war der Aufstand auf dem Maidan in Kiew und der Sturz von Präsident Janukowitsch. Bedingt durch diese Ereignisse entschied sich Putin zum Einsatz von Militär auf der Krim und zu deren Anschluss an Russland. Die Gründe, die von Moskau für diesen fatalen Schritt angeführt wurden – die Bedrohung durch einen neuen »Faschismus« in Kiew und eine akute Gefahr für die Russisch sprechende Minderheit auf der Krim und in der Ostukraine –, sind lachhaft und reine Propaganda. Mit seiner Okkupation der Krim und seinem Griff nach dem Osten und Süden der Ukraine unter dem Namen »Neues Russland« hat Putin eines der grundlegendsten Prinzipien der europäischen Staatenordnung nach dem Kalten Krieg aufgekündigt – keine gewaltsame Änderung von Grenzen – und so einen Umsturz dieser Ordnung eingeleitet, der nicht mit der Krim sein Bewenden haben wird.

Die Botschaft Moskaus ist von lupenreiner Klarheit: Russische Großmachtinteressen und die Ausdehnung der russischen Einflusszone stehen über der Unverletzlichkeit der Grenzen und dem Selbstbestimmungsrecht der Völker in seiner Nachbarschaft. Wenn Europa dieses Grundprinzip akzeptieren würde, dann gefährdete es nicht nur seine Sicherheit, sondern auch all seine Integrationsfortschritte in einer auf Zusammenarbeit und Gleichheit aller Mitgliedstaaten angelegten Europäischen Union. Wladimir Putin würde so eine Büchse der Pandora öffnen, weil dann die Machtpolitik des 19. Jahrhunderts auch wieder nach Europa zurückkehren würde mit all ihren desintegrativen, ja konfrontativen Folgen. Und diese Politik der ideologischen Renationalisierung in Europa wird ja bereits heute diskret durch Moskau verfolgt, wenn man sich die »Bewunderung« in den Reden Präsident Putins für nationalistische und euroskeptische Parteien innerhalb der EU vergegenwärtigt, vorneweg für den »Front National« in Frankreich unter Marine Le Pen und für Ungarn unter Victor Orban. Man darf gespannt sein, welche innen- und wirtschaftspolitischen Folgen diese außenpolitische Kehrtwende des Wladimir Putin noch haben wird. Denn ein politisch und wirtschaftlich zunehmend isolierteres Russland müsste sein Heil in einem wachsenden Nationalismus und einer autoritärer und repressiver werdenden Innenpolitik suchen und seine Wirtschaft erneut entliberalisieren. Freilich wäre ein solcher von der Macht von oben eingeleiteter radikaler Kurswechsel keineswegs neu in der russischen Geschichte.

Der Westen – und diesmal vorneweg Europa – steht daher vor schwierigen Grundsatzentscheidungen, denn es ist nur eine sehr feine Trennlinie, die eine Politik des Appeasements von einer Politik der Vernunft trennt. So richtig es ist, nicht auf eine emotional begründete, unvernünftige Eskalation zu setzen, so klar ist es aber andererseits, dass jede Anpassung an Moskaus Weltmachtpolitik nur zu einer weiteren Eskalation beitragen wird, denn Zurückhaltung oder gar Akzeptanz wird in der herrschenden politischen Elite Russlands als Zeichen von Schwäche, ja von Dekadenz aufgefasst. In der Reaktion auf die russische Politik sollte es dabei weniger um Bestrafungssanktionen gehen als vielmehr um eine grundsätzliche Neuaufstellung Europas und des Westens gegenüber Russland. Die Zeit der »Modernisierungspartnerschaft« zwischen Russland und Europa und vom »Wandel durch Wirtschaftsintegration« ist leider für längere Zeit vorbei, beendet durch Wladimir Putin selbst. Der Westen wird sich auf eine längere Zwischeneiszeit einzustellen haben, d.h. auf eine Neuauflage einer Politik des *Containment* gegenüber Russland, die diesmal nicht zu einem globalen Rüstungswettlauf und einem militärischen Kampf zwischen zwei politischen Gesellschafts- und Wirtschaftssystemen führt, denn dazu ist das heutige Russland zu schwach. Diese neue Containmentpolitik wird vor allem auf dem wirtschaftlichen und ideologischen Feld ausgetragen werden: Europa wird seine Energieabhängigkeit von Russland verringern müssen, am besten durch die schnelle Bildung einer »Energieunion«, die die nach wie vor in nationaler Kompetenz befindliche Energiepolitik zumindest nach außen vergemeinschaftet, es wird getätigte Investitionen abschreiben, seine strategische Aufstellung und seine Prioritäten überprüfen und seine Investitionen in Russland sowie die Zusammenarbeit zurückfahren. Und, wenn Europa klug ist und seine

Interessen verfolgt, wird es alles tun, um seine Nach-
barschaftspolitik neu und sehr viel engagierter zu betreiben, so schnell wie möglich seine Wirtschaftskrise
hinter sich zu bringen und wenigstens in seinem Kern
die politische Einigung durchzusetzen. *contra Rußland*

Die Unabhängigkeit und territoriale Integrität der
Ukraine ist aber nicht nur aus geopolitischen Gründen
für Europas Sicherheit von großer Bedeutung, sondern
es geht, wie bereits gesagt, zugleich um die grundsätzli-
chen Prinzipien, nach denen die Europäer im 21. Jahrhundert ihr Zusammenleben organisieren wollen und
werden: Können alle Völker des alten Kontinents über
ihr Schicksal selbst entscheiden, auf der Grundlage der
Herrschaft des Rechts und der Prinzipien der Demokratie, oder wird Europa in das 19. Jahrhundert zurück-
fallen, in dem die geopolitischen Interessen von Großmächten und deren Einflusszonen über das Schicksal
des Kontinents entscheiden? Exakt in der unterschiedlichen Antwort auf diese Frage besteht der harte Kern
der Konfrontation zwischen dem Westen und der EU
gegenüber Russland.

Moskau denkt offensichtlich noch ganz überwiegend im Stil vergangener Großmachtpolitik unseligen Angedenkens, in den Kategorien eines machtpolitischen Nullsummenspiels: Wenn einer gewinnt, dann
muss ein anderer verlieren. Punkt. Die Macht entschei-
det und nicht Werte und Grundsätze. Win-win-Situa-
tionen, wie sie die Erfahrung der EU prägen, kommen
in diesem Denken nicht vor. Die EU kann, ja muss deshalb jede demokratische Entscheidung einer Mehrheit
der Ukraine akzeptieren, auch wenn sie Europa vor

ernste Probleme stellen würde, Russland ganz offensichtlich nicht.

In Europa wollte niemand diese erneute Konfrontation mit Russland, wie ja gerade die jetzt gescheiterte Partnerschaftspolitik mit Russland mit ihrer sehr weitgehenden gegenseitigen wirtschaftlichen Integration trotz massiver Wertedifferenzen beweist. Die EU und Russland sind Nachbarn, werden solche bleiben und hängen voneinander ab: Die wirtschaftliche, rechtliche und politische Modernisierung Russlands, sehr gute nachbarschaftliche Beziehungen, offene Grenzen für Handel und Menschen, gemeinsame Sicherheit, all diese Punkte liegen im gemeinsamen Interesse. Russland wird perspektivisch die EU sogar noch mehr brauchen als umgekehrt, da Russland in seinem Fernen Osten und in Zentralasien mit China ein Rivale ganz anderer Dimension erwächst, als es der Westen jemals sein könnte. Zudem macht die Tatsache, dass 80 Prozent der russischen Bevölkerung westlich des Urals leben und sich nach Europa orientieren, für Russland eine gemeinsame Zukunft mit Europa unverzichtbar. Hinzu kommen die negative demografische Entwicklung des Landes und sein riesiges Modernisierungsdefizit. So besteht theoretisch also für beide Seiten eine sehr große Chance. Diese wird allerdings nur dann genutzt werden können, wenn man in Moskau begreift, dass dies allein auf der Grundlage der Herrschaft des Rechts und nicht der Macht, auf der Grundlage der Prinzipien des Selbstbestimmungsrechts der Völker und der Demokratie und nicht der Großmachtpolitik des 19. Jahrhunderts möglich sein wird.

Im Gegensatz dazu erlebte die Welt die Wiederge-
burt russischer Großmachtpolitik in der Ukraine und
damit hoffentlich auch das Ende vieler Illusionen über
Putins Russland in Europa und ganz besonders in
Deutschland. Insofern sollte man im Westen und vor
allem in Europa nun endlich nicht mehr diesen Illusionen hinterherlaufen, sondern begreifen, was Russlands
Pläne unter Wladimir Putin tatsächlich sind, und sich
darauf einstellen. Putin dachte, er hätte gemeinsam mit
Janukowitsch Europa und den Westen diplomatisch
ausmanövriert und die Ukraine auf den Weg in die *Eurasische Union* gebracht, hatte dabei aber den Wider-
stand in der ukrainischen Bevölkerung, vor allem im
Westen des Landes und in Kiew, völlig unterschätzt.
Die von Janukowitsch und Putin gemeinsam betrie-
bene Ostverschiebung der Ukraine war der Auslöser
für die Revolution, es waren nicht irgendwelche westlichen Geheimdienstintrigen, die Janukowitschs Regime
in Kiew vertrieben haben. Als dies klar war, entschied
sich der Kreml auf der Krim zur gewaltsamen Grenz-
veränderung, und bei der Krim wird es nicht bleiben,
wenn Putin weiter an seiner Strategie festhält. In diesem Fall droht im westlich-russischen Verhältnis eine
längere neue Zwischeneiszeit.

Die Europäer andererseits stehen nun schreckens-
bleich vor der Tatsache, dass es sich bei der EU eben
nicht nur um einen gemeinsamen Markt, um eine Wirtschaftsgemeinschaft handelt, sondern um einen machtpolitischen Akteur, um eine politische Einheit mit
gemeinsamen Werten und gemeinsamen Sicherheitsinteressen. Und diese politische Einheit namens EU

muss jetzt unter dem Druck der erneuten russischen Westausdehnung endlich mit Leben ausgefüllt werden. In Kiew sind für ihren Traum von einer unabhängigen europäischen Ukraine viele Menschen gestorben, während zur gleichen Zeit innerhalb Europas die Euroskepsis um sich greift – welch ein absurder Widerspruch! Aber die Revolution vom Maidan-Platz und ihre Folgen werden auch die EU nicht unverändert lassen. Die strategischen und normativen Interessen Europas haben sich mit Macht zurückgemeldet und die Lösung der strategischen Krise Europas ganz oben auf ihre Tagesordnung gesetzt.

Die EU wird begreifen müssen, dass sie in ihrer östlichen und südlichen Nachbarschaft nicht in einem interessefreien Raum handelt, sondern dass sie dort mit widerstreitenden Interessen anderer Mächte, ja mit Rivalen konfrontiert wird, die sie im eigenen Sicherheitsinteresse nicht ignorieren darf oder einfach akzeptieren kann. Die Erweiterungspolitik der EU ist eben nicht nur ein lästiges Anhängsel, das die Ruhe EU-Europas stört und zudem teuer ist, sondern ganz im Gegenteil: Sie ist ein unverzichtbarer Bestandteil der Sicherheit der Europäischen Union, ja ihre entscheidende Machtprojektion nach außen in ihre geopolitische Nachbarschaft. Sicherheit gibt es nicht umsonst.

Zwei alternative Erweiterungsansätze standen in der Ukraine in einem direkten Widerspruch: Assoziierung mit der EU (Brüssel) oder Beitritt zur russischen Zollunion (Moskau), der Zwischenschritt zur Eurasischen Union. Wenn man in Moskau die Vernunft eingeschaltet hätte, statt den Träumen vom Wiedererstehen der russischen Weltmacht nachzuhängen, für die Russland ohne eine umfassende Modernisierung auf breiter Basis die politischen, wirtschaftlichen und militärischen Voraussetzungen fehlen, dann hätte man dort sofort begreifen können, dass eigentlich sowohl Russland als auch der Westen gegenüber der Ukraine dasselbe Interesse haben müssten: die Einheit und Unabhängigkeit der Ukraine und ihre territoriale Integrität zu garantieren und das Land gemeinsam zu stabilisieren, anstatt es zum Frontstaat einer neuen westlich-russischen Konfrontation zu machen. Auf die Frage, ob es das heutige Moskau akzeptieren könnte, wenn sich die Ukraine auf einen erfolgreichen wirtschaftlichen und politischen Modernisierungskurs nach polnischem Vorbild begeben würde, ist die Antwort allerdings nein, weil eine erfolgreiche Modernisierung der Ukraine das gesamte System Putin – jene Mischung aus wirtschaftlicher Kleptokratie und politisch von oben gesteuerter und manipulierter Scheindemokratie – gefährden würde.

Wladimir Putin hat die Weichen in Richtung Konfrontation gestellt und damit nicht nur eine Krise ausgelöst, die länger anhalten wird, sondern auch die tiefe Sinnkrise der NATO beendet und Nordamerika und Europa wieder einander nähergebracht, ja den Transatlantismus regelrecht revitalisiert. Diese Krise wird nicht zu einem neuen Kalten Krieg führen, da es weder eine globale Systemkonkurrenz noch einen erneuten thermonuklearen Rüstungswettlauf geben wird. Wohl aber ist aus einem Partner erneut ein Rivale geworden, dem man westlicherseits nicht mehr traut. Kurzfristig scheint Moskau über den längeren Hebel zu verfügen, aber schon auf mittlere Sicht wird man seine Schwachpunkte erkennen. Russland ist nach wie vor ein wirtschaftlich rückständiges Land mit einem BIP von lediglich zwei Billionen Dollar (USA fast 17 Billionen Dollar, die EU 16 Billionen!). Wirtschaft und Politik hängen in Russland fast ausschließlich von den Rohstoff- und Energieexporten ab, die überwiegend Richtung Europa gehen. Zudem bedarf der Rohstoff-und-Energie-Sektor dringend ausländischen Kapitals, was in Zukunft angesichts der vom Kreml losgetretenen Konfrontation und der Enteignungsdrohung gegenüber ausländischen Investoren schwierig werden dürfte. Ein Ersatz westlicher Investoren durch chinesische würde das eigentliche strategische Dilemma Russlands, das aus Ostasien droht, nur noch verschärfen und langfristig für Russland auf einen Ausverkauf hinauslaufen, keinesfalls aber auf eine neue Modernisierungspartnerschaft. Eine Reduktion der europäischen Energienachfrage in eventueller Verbindung mit einem Ölpreis, der Russlands Staatshaushalt nicht mehr trägt, könnte deshalb trotz des neuen Liefervertrags von Gas nach China zu einem billigeren Preis, als die Europäer ihn bezahlen, für Moskau sehr schnell große Probleme nach sich ziehen.

Eine militärisch erzwungene Teilung der Ukraine seitens Russlands oder gar der Zerfall der Ukraine würde eine hochgefährliche Entwicklung für die gesamte Region unter Einschluss Russlands einleiten, da fortan dort bei jeder ernsten ökonomischen oder politischen Krise ein allgemeiner Prozess der Desintegration drohte, der die Grenzen tangieren und sehr viel Gewalt hervorbringen würde. Es kann allerdings bereits heute davon ausgegangen werden, dass durch seine bewaffnete Annexion der Krim Russland die Ukraine dauerhaft verloren hat, da dieser Gewaltakt die entscheidende Ursache für die Herausbildung eines neuen ukrainischen Nationalbewusstseins sein wird. Das so oft beschworene »brüderliche Verhältnis« zwischen Ukrainern und Russen liegt zumindest auf der ukrainischen Seite in Trümmern. Und in nicht allzu ferner Zukunft wird man auch in Moskau die Frage aufwerfen, ob sich das Krim-und-Ukraine-Abenteuer für Russland wirklich gelohnt hat.

Es ist davon auszugehen, dass Wladimir Putin sein Blatt überreizt hat. Vergleicht man das Potenzial des Westens mit dem Russlands, so hat Moskau diese Auseinandersetzung bereits heute verloren. Zudem scheint man in Moskau die eigene Geschichte vergessen zu haben. Denn die Sowjetunion ist 1990/91 nicht am Westen zugrunde gegangen, sondern an einer Sezessionswelle von Nationalitäten und Minderheiten, die die Gelegenheit nutzten, um aus dem sowjetischen »Völkergefängnis« auszubrechen, in das sie unter den Zaren und unter Stalin hineingezwungen worden waren, und unabhängig zu werden, als sich der eiserne Griff der kommunistischen Einparteienherrschaft lockerte. Als 1991 der Beschluss zur Auflösung der Sowjetunion getroffen wurde (die damaligen Akteure waren alles ehemalige hohe Funktionäre der KPdSU), bestand ja ernsthaft nur noch die Alternative zwischen einer geordneten oder einer chaotischen Auflösung jenes großrussischen Imperiums namens Sowjetunion. Damals blieb die Krim bei der Ukraine, nicht aufgrund eines westlichen Komplotts! Und 1994 garantierten die

Atommächte Russland, USA und Großbritannien im sogenannten »Budapester Memorandum« die Sicherheit und die Grenzen der Ukraine im Austausch gegen den ukrainischen Anteil an der sowjetischen Atombewaffnung (zeitweise war die Ukraine der drittgrößte Atomwaffenstaat).

Mit ihrer völligen nuklearen Abrüstung hat damals die Ukraine einen wesentlichen Beitrag zur internationalen Sicherheit geleistet, wie auch Kasachstan und Weißrussland, alle drei Staaten sind dann dem nuklearen Nichtverbreitungsvertrag (NPT) beigetreten. Das fatale Signal, das heute von der russischen Annexion der Krim ausgeht, ist, dass dieser Gebietsverlust einer Nuklearmacht Ukraine wohl niemals passiert wäre! Man darf gespannt sein, wie diese Botschaft in Teheran und anderen nuklearen Schwellenstaaten wirken und welche generellen Auswirkungen der russische Wortbruch auf die Zukunft des Nichtverbreitungsvertrags für Atomwaffen (NPT) haben wird. Es ist nichts Gutes zu vermuten.

Wer also diesen Prozess zurücknehmen und das großrussische Imperium wiederherstellen möchte, der muss entweder über ein sehr großes politisches, ökonomisches und militärisch-repressives Potenzial verfügen, oder er wird ein weiteres Mal an der sogenannten »Nationalitätenfrage« scheitern. Die Russische Föderation verfügt heute eindeutig nicht mehr über die Kraft der untergegangenen Sowjetunion. Die Widersprüche aber, die zu deren Untergang geführt haben, sind nicht nur geblieben, sondern haben sich sogar potenziert. Schon die weitaus stärkere Supermacht

Sowjetunion war an den Kosten der Aufrechterhaltung ihres Imperiums gescheitert. Wie also soll dann eine solche Strategie der Wiederherstellung des Imperiums heute funktionieren können? Russland verfügt angesichts des dramatischen Modernisierungsdefizits des Landes und der grassierenden Korruption und Misswirtschaft weder über die ökonomische noch politische Kraft, um die verloren gegangenen Gebiete wieder zurückholen und integrieren zu können. Es spricht alles dafür, dass Russland sich dabei überheben wird, und am Ende wird das Land durch seine Führung erneut um eine Modernisierungs- und Liberalisierungschance betrogen werden. Die chaotischen Konsequenzen dieser Entwicklung sind absehbar, eine weitere Desintegration Russlands ist aber eine bedrückende Aussicht und kann ernsthaft von niemand gewollt werden, am wenigsten von Russlands direktem Nachbarn Europa.

Wladimir Putins Fehler ist im Grunde ein intellektuell-historischer Irrtum: Er versucht mit dem Denken des 19. Jahrhunderts und mit der Großmachtpolitik des 20. Jahrhunderts für Russland das 21. Jahrhundert zu gewinnen, aber diese Politik wird scheitern müssen, da sie nicht mehr in die Zeit einer globalisierten Weltwirtschaft und Politik passt und Russland sie sich wirtschaftlich und politisch nicht mehr leisten kann.

Auch in der Ukrainekrise blicken sowohl die USA als auch die Europäer und ganz besonders Moskau auf die europäische Zentralmacht Deutschland, und zwar aus zwei Gründen: Erstens ist es das wirtschaftliche und politische Gewicht des Landes innerhalb von EU und (weniger) der NATO, und zweitens sieht Moskau ganz offensichtlich eine Chance, auf dem Umweg über Berlin und eine schwankende deutsche öffentliche Meinung auf die Haltung Europas insgesamt Einfluss nehmen zu können. So kam es gewiss nicht von ungefähr, dass der russische Präsident Putin in seiner Annexionsrede anlässlich der »Rückkehr« der Krim zu Russland Deutschland und die positive russische Haltung zur deutschen Wiedervereinigung namentlich erwähnte, denn in einer solchen, wohl vorbereiteten Rede wird nichts dem Zufall überlassen. Ganz offensichtlich hat man in Moskau die Hoffnung, dass sich die Westverankerung Deutschlands wegen der Energieabhängigkeit des Landes von Russland und der Rohstoffperspektive, welche die deutsch-russische Wirtschaftskooperation verheißt, doch nicht als so stabil erweisen könnte wie bisher vermutet. Allerdings wird sich dies ebenso als ein Trugschluss erweisen wie die Erwartung vor allem bei Investoren in den USA, dass Deutschland den Euro und damit das europäische Einigungsprojekt aus wirtschaftlichen Kalkulationen fallen lassen würde. In beiden Krisen geht es um die Grundorientierung Deutschlands und um die Frage, ob Deutschland im Zentrum der EU seiner europäisch-westlichen Verpflichtung treu bleiben und seine Macht im Interesse der Union und für ihre weitere Stärkung einsetzen wird oder nicht. Und die Antwort darauf muss sein: Es wird. Alles andere wäre eine historische Torheit sondergleichen.

Die Krise um die Ukraine ist bei Licht besehen eigentlich eine historische Regression, die uns in das vergangene oder sogar in das 19. Jahrhundert zurückführt, dennoch ist sie gleichermaßen real und gefährlich. In diesem Jahrhundert wird es um ganz andere Krisen gehen: Die Verlagerung von Macht und Wohlstand von West nach Ost, ein riesiger Wachstums- und Gerechtigkeitsbedarf in den Schwellenländern und das immer schmerzhafter empfundene Fehlen eines wirksamen globalen Umweltmanagements bezeichnen die zentralen Herausforderungen, vor denen die Welt in den ersten Jahrzehnten des 21. Jahrhunderts stehen wird. Und Europa kann mit seiner Soft Power, seiner Intelligenz, seinem Kapital, seiner Technologie, seinen Unternehmen und Beschäftigten und deren Erfahrung eine Menge dazu beitragen, um diese Herausforderungen zu Chancen des globalen Fortschritts zu machen, und es tut dies ja bereits heute. In der Wirtschaft mit ihrem gemeinsamen Markt, in der Entwicklungszusammenarbeit, beim Klimaschutz, bei grünen Technologien, aber auch in Bildung, Ausbildung, Wissenschaft und Forschung und in fast allen Fragen der sozialen Stabilität, der Demokratie, des Rechtsstaats und moderner Zivilgesellschaften ist Europa immer noch global unverzichtbar, auch als Modell. Ganz besonders gilt dies für das Friedensprojekt namens Europäische Union, das, gemeinsam mit der NATO, dem alten Kontinent, der immer auch ein Kontinent des Krieges gewesen war, einen beispiellos langen und stabilen Frieden gesichert hat und sichert. Allerdings vermag Europa seine Soft Power bisher nicht mit der notwendigen Hard Power zu unterlegen, weil es an seiner überkommenen Organisationsform in kleinen und mittleren Nationalstaaten festhält. Bei der Frage der Hard Power geht es keineswegs nur um das Militär (darum freilich auch), auch in die politischen, normativen und ökonomischen Fragen spielt dieses Element der Hard Power mit hinein. Und trotz aller objektiven Zwänge zu einer weiter voranschreitenden Vernetzung und tatsächlichen Kooperation auf der globalen Bühne wird die Hard Power auch zukünftig eine sehr wichtige Rolle im globalen Staatensystem und in dessen regionalen Untergliederungen spielen.

Wer im Hard-Power-Bereich über keine oder nur unzureichende Möglichkeiten verfügt, der wird seine Soft Power nicht wirklich nutzen können. Europa erlebt die Konsequenzen dieses Defizits aktuell gerade auch in den Fragen der Netzpolitik, wo die EU weder den USA, ihrem engsten internationalen Partner und unverzichtbaren Sicherheitsgaranten für Europa, noch anderen netzpolitischen Weltmächten außer viel Geschrei und Aufregung wirklich etwas entgegenzusetzen hat. Sollten die Mitgliedstaaten der EU tatsächlich versuchen, hier noch zu nationalen und nicht zu EU-weiten Lösungen zu kommen, so würde man die Grenze zur Absurdität mit einer solchen netzpolitischen Kleinstaaterei endgültig überschreiten. Und auch in dieser Frage kann man unschwer den Grundbass der tieferen Ursache der europäischen Krise vernehmen, nämlich die Kleinstaaterei und das Festhalten an der Ideenwelt des europäischen 19. Jahrhunderts.

Neben den gewaltigen Machtverschiebungen auf globaler Ebene in Politik und Wirtschaft wird ein zusätzlicher Faktor die europäische Strategie- und Sicherheitskrise immer spürbarer machen, nämlich die strategische Neuausrichtung seines bisherigen entscheidenden Sicherheitsgaranten USA. Seit dem Ende des Zweiten Weltkriegs sind es die Westeuropäer und seit der Epochenwende von 1989/90 auch fast das gesamte Europa gewohnt, dass ihre Sicherheit durch die militärische Präsenz und Dominanz der Vereinigten Staaten garantiert wird. Im Schatten dieser Sicherheitsgarantie konnten die europäischen Staaten seit 1990 ihre Verteidigungsausgaben zurückfahren – die sogenannte »Friedensdividende« –, ohne dass ihnen ernsthafte sicherheitspolitische Konsequenzen drohten. Im Gegenteil, seit dem Ende des Kalten Krieges schien die alleinige Supermacht Amerika, die damals ihren, wie wir heute wissen, kurzen unilateralen Moment in der Geschichte hatte, stärker denn je zu sein. Ihre einmalige Stärke verschwendeten die USA unter Präsident George W. Bush in ihren Kriegen im Zweistromland und in Afghanistan, die sie, trotz einfacher militärischer Siege zu Beginn wegen ihrer überragenden militärischen Macht, niemals wirklich gewinnen konnten, weil diese Kriege, zumindest, was die Strategie ihrer Gegner betraf, entlang einer sehr langen Zeitachse auf die politische Erschöpfung abzielten und nicht auf einen militärischen Sieg auf dem Schlachtfeld. Und die Supermacht konnte diese strategische Dominanz ihrer Feinde niemals durchbrechen, sondern musste sich ihr beugen, trotz ihrer gewaltigen militärischen Überlegenheit. Zudem wirkte vor allem der Irakkrieg für die gesamte Region des Nahen und Mittleren Ostens destabilisierend und verstärkte so die Erschöpfungsstrategie gegenüber der Supermacht. Hinzu kam, dass

dieser unilaterale Moment der USA auf eine blasenge-
triebene Wirtschaftskonjunktur gründete, die im September 2008 implodierte. Moralisch und finanziell
erschöpft endete dieser unilaterale Moment der Supermacht nach 20 Jahren und in einem tatsächlichen und
mentalen Rückzug auf sich selbst.

Die Vereinigten Staaten mussten und müssen fortan
ihre globale Strategie und ihre militärischen Möglichkeiten den neuen ökonomischen und politischen Realitäten anpassen, und genau das tun sie gegenwärtig. Das
heißt nicht, dass sie sich nun ausschließlich der westlichen Hemisphäre zuwenden und im Isolationismus
versinken werden, aber sie können und wollen ihre bis-
herige Rolle als alleiniger »Weltpolizist« nicht weiter
spielen und werden ihr globales Engagement daher re-
duzieren und neu ausrichten. Dabei werden Asien und
der asiatisch-pazifische Raum im Vordergrund stehen,
weil vor allem dort das Wirtschaftswachstum der kommenden Jahrzehnte stattfinden wird, sich die Haupt-
gläubiger der USA befinden, mit China der einzig
mögliche Rivale im 21. Jahrhundert im Aufstieg begriffen ist und dort zugleich schwere Konflikte zwischen
Atommächten und Quasi-Atommächten drohen.
Amerika wird auch deshalb versuchen, sein Engagement im Nahen Osten zu verringern. Ob ihm das gelingen wird, bleibt angesichts des dortigen Chaos- und
Bedrohungspotenzials mehr als fraglich. Auf keinen
Fall werden die USA Israel im Stich lassen oder erlau-
ben können, dass der Persische Golf – aufgrund seiner Öl- und Gasvorkommen nach wie vor die »Tank-
stelle« der Weltwirtschaft – von anderen Mächten oder

gar vom Chaos beherrscht werden wird, unabhängig von der Frage der amerikanischen Energieunabhängigkeit wegen ihres heimischen Schiefergases und -öls. Denn an der Dominanz der USA im Persischen Golf hängt nicht zuletzt auch ihr Supermachtstatus. Europa aber wird in der zukünftigen Prioritätenliste der USA weiter hinten rangieren, was nicht heißen wird, dass die USA ihre strategische Sicherheitsgarantie zurückziehen werden, denn dazu bleibt der alte Kontinent in der globalen strategischen Balance zu wichtig. Alles andere aber, unterhalb der Schwelle der strategischen Gefährdung, werden die Europäer zunehmend allein oder nur noch mit Unterstützung der USA aus dem Hintergrund lösen müssen. Für Europa wird dies daher heißen, dass es zukünftig mehr und nicht weniger Verantwortung für seine eigene Sicherheit, vor allem in seiner geopolitischen Nachbarschaft, wird übernehmen müssen. Kann es das in seiner heutigen Verfassung und Organisation? Die klare Antwort darauf lautet: nein!

Noch gilt unter Europäern die Annahme als eine Selbstverständlichkeit, dass die NATO als transatlantisches Sicherheitsbündnis zwischen Europa und den USA und Kanada gewissermaßen eine Art »Ewigkeitswert« hätte, doch dabei gerät nur allzu leicht aus den Augen, dass Sicherheits- und Militärbündnisse Ausdruck konkreter Bedrohungslagen und Interessen sind und keineswegs von unerschütterlicher Dauer. Angesichts der immer extremer werdenden transatlantischen Schräglage im Bereich des Militärs zuungunsten Europas (und auch der jüngste transatlantische Streit um die NSA ist Ausdruck dieser Disproportionalität), der strategischen Neuausrichtung der USA und der anhaltenden europäischen Schwäche und Uneinigkeit könnten die USA das Interesse an Europa weiter verlieren, und die transatlantische Brücke könnte wegen der wachsenden Schwäche des europäischen Pfeilers bis hin zu deren Einsturz erodieren. Europa sollte sich in dieser Frage auch nicht allzu sehr auf Wladimir Putin verlassen, der schon dafür sorgen würde, dass die USA Europa nicht vergessen könnten. Angesichts der sicherheitspolitischen Exponiertheit Europas, das eben, anders als der nordamerikanische Kontinent, nicht von zwei Ozeanen geschützt wird, und seiner ererbten inneren Rivalitäten wäre dies für Europa eine gefährliche Perspektive.

Europa wird heute nicht mehr wie Westeuropa in den Zeiten des Kalten Krieges von Invasionen durch feindliche Panzerarmeen oder durch einen großen Atomschlag bedroht, die Risiken und Gefahren sind andere. Nur zwei Beispiele: Wie wird sich Europa verhalten, wenn es Russland unter Präsident Putin tatsächlich unter Einsatz von Waffengewalt und politischen Destabilisierungstechniken gelänge, die Sowjetunion in neuer Gestalt als russisch beherrschte Eurasische Union wiederaufstehen zu lassen und dadurch die postsowjetische Ordnung in Osteuropa zu revidieren? Träte dieser Fall ein, dann würde das europäische Staatensystem fundamental verändert werden. Nicht nur die Osteuropäer, sondern die gesamte EU stünde vor einer völlig veränderten Sicherheitslage an ihrer Ostgrenze. Die Atommacht Russland wäre dann wieder zu einem direkten europäischen Spieler mit Hegemonialanspruch geworden. Oder was würde in Europa geschehen, sollte der Iran zu einer militärischen Nuklearmacht werden und einen atomaren Rüstungswettlauf im Nahen Osten auslösen? Oder, was immer wahrscheinlicher wird: Was wäre, wenn der Nahe Osten, wie wir ihn kennen, implodiert und in dieser Nachbarregion Europas neue Grenzen, ja eine neue Machtrealität entstünde und zu einer erneuerten Rivalität der großen Mächte im Nahen Osten führte? Der Nahe Osten wird bis auf Weiteres die Büchse der Pandora der Weltpolitik bleiben, direkt auf den Türstufen Europas. Europas Sicherheit wäre damit unmittelbar bedroht und seine strategische Sicherheitslage ebenfalls radikal zu seinem Nachteil verändert. Wenn Europa daher auch in Zukunft ein unverzichtbares Sicherheitsinteresse an einem starken und verlässlichen transatlantischen Bündnis mit Nordamerika hat, dann wird es in dieses Bündnis und seinen Fortbestand ganz anders als in der jüngeren Vergangenheit investieren müssen, denn die Zeit der sicherheitspolitischen Trittbrettfahrerei im Rahmen des transatlantischen Bündnisses geht zu Ende. Damit steht auch hier, wie bei der Antwort auf die gegenwärtige europäische Krise, die Frage nach der Herstellung der europäischen Einheit an oberster Stelle. Denn jede Investition in die heute bestehenden militärischen nationalen Strukturen würde sich bereits in der näheren Zukunft als eine teure Fehlinvestition erweisen.

Solange Europa geteilt und zerstritten bleibt, wird die extreme sicherheitspolitische Schräglage zwischen den USA und Europa im transatlantischen Bündnis nicht ab-, sondern zunehmen, weil die nationalen Militärstrukturen, die Verteidigungsanstrengungen der klassischen europäischen Nationalstaaten und deren relativ abnehmendes Technologiepotenzial eine weitere Schwächung erzwingen werden. Aus all dem Gesagten ergibt sich daher, dass auch in den Sicherheitsfragen die strategische Priorität für EU-Europa wie NATO-Europa gleichermaßen die Herstellung der politischen europäischen Einheit sein muss. Und auch diese Frage, ich erwähnte es bereits zuvor, wird von dem zukünftigen Schicksal der Eurogruppe entschieden werden.

Wenn sich Europa also in seiner geopolitischen Nachbarschaft umschaut, so wird es im Osten und Süden im Wesentlichen nur Krisen, Konflikte und Risiken sehen, denen es sich gemeinsam mit seinen transatlantischen Partnern wird stellen müssen. Verbindet man diese geopolitischen Risiken mit der aktuellen Finanz- und Wirtschaftskrise der EU, so wirkt die Option eines Zurück zum Nationalstaat als Antwort darauf fast schon tragisch und zugleich auch komisch, und es stellt sich allein die Frage, worauf EU-Europa eigentlich noch warten will, um zu seiner politischen Einigung voranzugehen. Denn beide Krisen, unter denen die Europäer gegenwärtig zu leiden haben, lassen nur einen rationalen Schluss zu, nämlich die Überwindung der europäischen Kleinstaaterei und die politische Einigung Europas.

Souveränitätskrise
Strategiekrise

Die Lehren aus den Krisen:
die Vereinigten Staaten von Europa
und die Herausbildung
einer europäischen Demokratie

Als Folge der Finanzkrise hängt die EU gewissermaßen zwischen Baum und Borke: Die EU ist noch nicht ein gemeinsamer Staat, wird aber von den meisten Bürgern bereits heute, vor allem in den südlichen Krisenstaaten, als eine Art Superstaat angesehen, der für ihr Elend in der Krise verantwortlich ist und sich zugleich ihrer demokratischen Kontrolle zu entziehen scheint. Dass es an erster Stelle die jeweiligen Nationalstaaten waren und nicht die EU, die für die Krise die Verantwortung tragen, fällt dabei kaum öffentlich ins Gewicht. Wie also die EU – oder zumindest die Währungsunion – tatsächlich demokratisieren, sodass deren offensichtliches *demokratisches Defizit* beseitigt werden kann?

Angesichts der Unmöglichkeit, die interne Zerstrittenheit über die Frage der politischen Einigung innerhalb der gesamten Europäischen Union (EU 28) zu überwinden – ein solcher Schritt würde die Einstimmigkeit oder zumindest den Verzicht aller Mitgliedstaaten auf ein Veto unabweisbar machen, der auf absehbare Zeit weder von Großbritannien noch einigen anderen Mitgliedstaaten zu erwarten ist –, ist daher eine einstimmige Änderung des europäischen Vertrags für eine längere Zeit unrealistisch. Sollte allerdings die politische Integration und damit die Überwindung der europäischen Krisen gelingen, so kann man davon ausgehen, dass die Lage sehr schnell anders aussehen würde. Daraus folgt aber, dass das Subjekt der politischen Einigung Europas mangels Gemeinsamkeit in den Zielen nicht die EU 28 sein kann (leider!!!), sondern dass als einzig handlungsfähiges Subjekt dann nur die Eurogruppe bleibt, weil sie bereits heute über ein sehr viel weiter fortgeschrittenes Integrationsniveau und inhärente Stabilität verfügt. Und daraus folgt des Weiteren, dass staatsrechtlich dieser politische Einigungsprozess zumindest für eine längere Übergangsphase außerhalb und jenseits der europäischen Verträge als *zwischenstaatlicher Vertrag* – nach dem Vorbild des Schengen-Vertrags zur Öffnung der Grenzen innerhalb der EU, der heute integraler Bestandteil der europäischen Verträge ist, aber jenseits dieser abgeschlossen wurde – und/oder unter Zuhilfenahme des Artikels aus dem Europavertrag über die verstärkte Zusammenarbeit wird stattfinden müssen.

Diese Überlegung liefe bei ihrer Umsetzung nun keineswegs auf eine erneute Spaltung Europas hinaus, denn die Realität der EU wird ja seit Längerem durch unterschiedliche Geschwindigkeiten geprägt, und seit dem Maastricht-Vertrag und der Bildung der Eurogruppe wird die Union faktisch von dem Vorhut-Nachhut-Modell bestimmt. Ganz im Gegenteil würde eine solche Entwicklung einen festen, weil politisch integrierten »Kern« der EU schaffen (der allerdings die Mehrheit ihrer Mitgliedstaaten umfassen würde und insofern passt der Begriff des Kerns nicht wirklich). Ein solcher politisch voll integrierter »Kern« oder eine solche »Vorhut« gäbe der gesamten EU, also auch jenen Mitgliedstaaten und Beitrittskandidaten, die dieser Vorhut nicht oder noch nicht angehörten, eine ganz andere Krisenfestigkeit und auch stärkere Kohärenz innerhalb der EU und ihres gemeinsamen Marktes, als dies ohne die politische Integration der »Avantgarde« der Fall wäre, ganz zu schweigen von den desintegrativen Konsequenzen einer fortdauernden europäischen Krise für das gesamte Projekt.

Man kann diese Tendenz hin zu außervertraglichen Lösungen oder sehr weitgehenden »Interpretationen« der bestehenden Verträge bereits heute in der De-facto-Entwicklung der EU seit dem Beginn der Krise im Jahr 2009 feststellen. Und dabei fällt auf, dass sich die Achse der gesamten Konstruktion der EU, nämlich das Verhältnis der Mitgliedstaaten zu Europa, unter dem Druck der Krise erheblich verschoben hat, und zwar schlicht und einfach verursacht durch die reale Verteilung der Souveränität. Dies gilt nicht nur für die Wirtschafts-, sondern auch für die geopolitisch-strategische Krise, wie die Mission der drei Außenminister von Deutschland, Frankreich und Polen im Februar 2014 in Kiew gezeigt hat. Sollte sich die Krise um die Ukraine noch mehr zuspitzen, so wird man sogar noch mehr von dieser Verlagerung sehen, denn sowohl in der Wirtschaftskrise als auch in der Sicherheits- und Außenpolitik, anders als im gemeinsamen Markt oder

Agrarmarkt und in der Wettbewerbspolitik, sind die nahezu alleinigen Inhaber der Souveränität nach wie vor die Nationalstaaten und nicht die EU. Und dafür gibt es Gründe, die vor allem mit der Frage der *Legitimität* zu tun haben.

Was ist unter *Legitimität* zu verstehen? Legitimität ist nichts Greifbares, ist ausschließlich subjektiv, findet allein in den Köpfen einer sozialen und politischen Gruppe statt und äußert sich als *Akzeptanz*. Einfach definiert meint dieses Wort nichts anderes als das Vorhandensein einer Überzeugungs- und Bindungskraft der jeweiligen Institutionen, der Akteure und der Entscheidungsprozesse sowie das Vertrauen, das die betroffenen Nationen und Bürger diesen Institutionen etc. entgegenbringen. Und selbst diejenigen in einer sozialen und politischen Großgruppe, die konkrete Entscheidungen und teilweise auch Prozesse legitimer Institutionen ablehnen oder gar gegen diese Institutionen kämpfen, zweifeln dennoch nicht an deren grundsätzlicher Legitimität.

Die Europäische Union kämpft nun fast von Beginn an um diese Legitimität, die in Europa auf der Ebene der Nationalstaaten fast überall meist als Ergebnis langer und oft sehr gewalttätiger historischer Prozesse wie selbstverständlich verankert ist. Das gesamte Projekt EU steht und fällt mit der Übertragung von Souveränität und damit Legitimität von den Nationalstaaten auf die europäische Ebene. (Es ist der erste zahlreicher britischer Irrtümer über das europäische Projekt, dass man in London glaubt, man könne dauerhaft einen gemeinsamen Markt ohne weitgehende Souveränitätsübertragung auf die Gemeinschaft haben.). Die entscheidende Frage ist dabei, wie man mit der *Souveränität* zugleich die *Legitimität* in den unterschiedlichen Mitgliedstaaten und ihren Bevölkerungen übertragen kann. Man kann in diesem historischen Prozess seit den römischen Verträgen grob zwei Phasen unterscheiden: die EU als *Elitenprojekt* und die EU als *Projekt der europäischen Demokratie.* Wobei hier gleich eine wichtige Ergänzung vorzunehmen ist: Auch das europäische Elitenprojekt war und ist immer das Projekt von vollständig demokratisch *legitimierten* Eliten gewesen, die in allen Mitgliedstaaten durch freie, geheime und faire Wahlen an die Macht gelangt sind. Der Unterschied zwischen diesen beiden Konzepten und Phasen liegt also weniger in der Differenz zwischen politischen Eliten und Volk, sondern eher zwischen *indirekter* und *direkter* europäischer Wahldemokratie (gemeint ist hier mit dem Begriff »direkt« nicht das Instrument des Referendums, vielmehr der direkte europäische Wahlakt im Gegensatz zur indirekten Legitimation mittels nationaler Wahlen).

Man wird hier jetzt einwerfen, dass es doch das Europäische Parlament gibt, das aus freien und geheimen Wahlen hervorgeht und mittlerweile über einen erheblichen Einfluss in der europäischen Gesetzgebung verfügt. Wie jedoch die Wahlbeteiligung für das Europaparlament und die Zusammensetzung der überwiegenden Mehrheit der Kandidaten in allen Mitgliedstaaten zeigt, mangelt es dieser europäischen demokratischen Institution vor allem an zweierlei: an Macht (keine eigenen Steuern und demnach auch kein eigenes Budgetrecht, lediglich Mitentscheidungskompetenz statt voller Gesetzgebungssouveränität) und an Legitimität. Vor allem sein *Legitimitätsdefizit* ist seine entscheidende Achillesverse. Umgangssprachlich ausgedrückt wird das Europaparlament in den Bevölkerungen aller Mitgliedstaaten einfach nicht ernst genommen. Es wird von der Wählerschaft überall in Europa nur als eine weitere technokratische Institution der EU begriffen, die man nicht versteht, nicht kennt und die weit weg ist, nicht aber als die Repräsentanz des demokratischen Willens der Völker der Europäischen Union. Und ich fürchte, an dieser Tatsache wird sich auch nichts ändern, solange die Zentralachse zwischen den Nationalstaaten und der Union nicht neu durchdacht und auch institutionell neu ausgerichtet wird. Denn nach wie vor liegt der Kern der Souveränitäten und damit auch die Macht wie die demokratische Legitimation bei den Mitgliedstaaten und wird dort auch auf absehbare Zeit verbleiben, es sei denn, es gelänge, diesen Mitgliedstaaten und ihren zentralen demokratischen Institutionen – Parlamente und Regierungen – eine neue *europäische* Rolle zu geben. Von sich aus, ohne die historisch gewachsene Legitimität der Nationalstaaten, wird Europa nur schwerlich eine eigene Legitimität kreieren können.

Der föderale Traum Europas hat sich einst die USA mit einer föderalen Präsidialverfassung zum Vorbild genommen – ein Präsident mit seiner Regierung als Spitze eines föderalen Gemeinwesens, das über eine kontinentale Ausdehnung verfügt. Nur, kann dieses Vorbild in Europa jemals funktionieren? Ich meine nein, und zwar aus mehreren Gründen: Als die USA gegründet worden waren, lebten in den 13 Bundesstaaten etwas weniger als drei Millionen Menschen, in der EU sind es heute in 28 Mitgliedstaaten um die 500 Millionen. Die Amerikaner verfügen über *eine* Amtssprache, die EU zurzeit über deren 24. Und anders als die Bundesstaaten zur Gründungszeit der Vereinigten Staaten von Amerika, die damals alle extrem jung und demnach fast über keinen historischen Ballast oder gar gewachsene Identitäten verfügten, berufen sich die Nationen der EU alle auf oft mehr als tausend Jahre alte Traditionen und damit auf gewachsene und jeweils sehr eigene Identitäten. Die Unterschiede in den Grundparametern zwischen den USA zur Zeit ihrer Gründung und der heutigen EU sind einfach zu groß, um das Modell USA für die EU als realistisch und praktikabel anzusehen, vor allem, wenn die EU eines Tages zu einer wirklichen transnationalen Demokratie werden soll, in der die Staatsbürger und nicht mehr allein die demokratisch legitimierten nationalen Eliten das Sagen haben werden.

Man stelle sich z. B. nur einen europäischen Wahlkampf mit Kandidaten für einen direkt gewählten Präsidenten vor, der zwar eine oder sogar mehrere Sprachen spricht, die aber dennoch weite Teile der paneuropäischen Wählerschaft gar nicht verstehen können. Und man kann mit Übersetzern keinen demokratischen Wahlkampf führen, weil sich so die Wählerschaft vielleicht formal mit Worten erreichen lässt, niemals aber emotional. Und Emotionen sind in einem demokratischen Wahlkampf essenziell und unverzichtbar für die demokratische Willensbildung. Auch der jüngste mutige Versuch, diese Kalamitäten durch die Aufstellung von europaweiten Spitzenkandidaten der großen europäischen Parteienfamilien bei den Wahlen zum Europaparlament zu überwinden, ändert an dieser Feststellung wenig, ja bestätigt sie sogar, denn im Grunde hat dieser Versuch mit den beiden Spitzenkandidaten von Sozialisten und EVP nur in den deutschsprachigen Ländern, in Deutschland und Österreich, funktioniert, weil es dort wegen der beiden Kandidaten faktisch keine Sprachbarriere gab. Ich bezweifle auch, dass es durch diesen Schritt tatsächlich ein Mehr an Legitimation für das Europaparlament gibt. Tatsächlich erweist sich *der Griff zur Spitzenkandidatur* als ein gleichermaßen geschicktes wie mutiges Manöver des Parlaments im Kampf um die institutionelle Machtverteilung zwischen Rat (den Regierungen der Mitgliedstaaten) und Parlament in der Frage des Benennungsrechts für den nächsten Kommissionspräsidenten, eine Art moderner *Investiturstreit* von hoher machtpolitischer Bedeutung, weniger aber als ein unionsweiter Legitimitätsgewinn für das Parlament und den Kommissionspräsidenten. Die Methode Spitzenkandidat zur weiteren Demokratisierung der EU droht in eine ähnliche Sackgasse zu führen wie weiland das europäische Verfassungsprojekt in Gestalt eines europäischen Vertrages, d. h., es droht aufgrund seiner Halbherzigkeit und mangelnden Konsequenz ebenfalls auf halbem Weg stecken zu bleiben.

Wenn das amerikanische Modell aber in der EU wegen der sehr unterschiedlichen Bedingungen realistischerweise nicht funktionieren kann, so stellt sich die

Frage, ob es denn ein anderes föderales Modell gibt, das den materiellen und historischen Bedingungen der EU wesentlich mehr entspräche, auch bereits seine Funktionsfähigkeit unter Beweis gestellt hat und somit besser als Vorbild für die politische Integration Europas taugen würde? Und in der Tat gibt es ein solches Modell, und zwar in Europa – es ist die Schweiz.

Die Schweiz ist kein ethnisch und sprachlich einheitlicher Nationalstaat, sondern besteht aus drei großen und einer kleinen ethnischen Gruppe: den Deutschen, Franzosen, Italienern und den Rätoromanen, und seit der Gründung der Schweiz bis in die aktuellste Gegenwart hinein kam es weder zu einem sprachlichen noch zu einem kulturellen Homogenisierungsprozess. Dass diese Konstruktion die Jahrhunderte und vor allem die Glaubensspaltung während der Zeit der Reformation überdauert hat, hing ganz gewiss mit der Hochgebirgstopografie des Landes und mit der strategischen Bedeutung der Alpenpässe für die Verbindungen zwischen Nord- und Südeuropa zusammen, und in diesem topografischen Faktor und der damit einhergehenden Isoliertheit der Alpentäler liegt auch die dezentrale, direktdemokratische Tradition des Landes begründet. Allerdings stellte sich dann in der Mitte des 19. Jahrhunderts, nach den Wirren der Französischen Revolution und der Napoleonischen Kriege und mit dem heraufziehenden Zeitalter des europäischen Nationalismus für die intern nur lose verbundenen Kantone der Schweiz wegen ihrer nicht mehr zeitgemäßen konföderativen Verfassung, die Existenzfrage. Die katholisch-konservativen Innerschweizer Kantone wollten die Macht und Souveränität bei den Kantonen belassen und keine Zentralisierung, während die protestantisch-liberalen und in der Regel großstädtischen Kantone eine gewisse Zentralisierung der Macht und Konzentration der Souveränität in einem *Bundes*staat für unverzichtbar hielten. Dieser Konflikt musste schließlich auf dem Schlachtfeld ausgetragen werden.

Die moderne Schweiz ist im November des Jahres 1847, in einem kurzen, wenig blutigen Bürgerkrieg, dem sogenannten »Sonderbundskrieg«, entstanden. Neben der Religionsfrage ging es vor allem um die Verfassungsfrage, also darum, ob die Souveränität bei den Kantonen und die Schweiz dadurch eine *Konföderation* (Staatenbund) bleiben sollte, oder aber, ob mit der Zentralisierung der entscheidenden Macht auf der Bundesebene (Außenpolitik, Militär, Währung, Wirtschaft und Finanzen, Garantie republikanischer Kantonsverfassungen, Grundrechte wie Meinungs- und Religionsfreiheit etc.) die Schweiz zu einer *Föderation* (Bundesstaat) werden sollte. Statt der althergebrachten »Tagsatzung« wurde eine »freie« Bundesversammlung eingeführt, deren Mitglieder nicht mehr bindenden Vorgaben ihrer Herkunftskantone verpflichtet waren und die aus zwei Kammern bestand, dem »Ständerat« (gewählte Vertreter der Kantone) und dem Nationalrat (in landesweiten Wahlen gewählte Abgeordnete). Die Zentralregierung wurde einem siebenköpfigen Kollegialgremium als oberster Exekutive übertragen und zudem ein Bundesgericht eingeführt. Die Kantone verfügten über kein Austrittsrecht, und in der Ständekammer wurde das Einstimmigkeitsprinzip abgeschafft und mit ihm das kantonale Vetorecht, fortan wurde durch Mehrheit entschieden. Die Schweiz als Bundesstaat war entstanden, und man kann schon auf den ersten Blick die erstaunlichen Ähnlichkeiten, ja Parallelitäten mit den konstitutionellen Problemen der heutigen EU und deren Lösungsmöglichkeiten erkennen. Freilich wird die EU keinen Einigungskrieg mehr führen, den sie faktisch bereits im 20. Jahrhundert mit den beiden Weltkriegen und dem Kalten Krieg auf sehr viel furchtbarere Weise durchlitten hat, aber ansonsten sind die Ähnlichkeiten doch bemerkenswert.

Man darf auch mit hoher Plausibilität vermuten: Hätten sich die konservativ-katholischen und zumeist ländlichen innerschweizerischen Kantone im Sonderbundskrieg durchgesetzt, hätte die Schweiz als eigenständiger Staat die zweite Hälfte des 19. Jahrhunderts und die erste Hälfte des 20. Jahrhunderts kaum überstanden, sondern wäre im Zeitalter des europäischen Nationalismus in ihre nationalen Bestandteile zerfallen, die sich dann ihren jeweiligen Nationalitäten angeschlossen hätten. Dank der erfolgreichen Zentralisierung der Macht in einem Bundesstaat und dem Festhalten an der Neutralitätspolitik (der strategischen Bedeutung der Kontrolle der Alpenpässe wegen!) konnte sich die Schweiz als ein viersprachiger »Vernunftstaat« dem Sog der jeweiligen Nationalismen zur politischen, sprachlichen und ethnischen Homogenisierung entziehen, gewissermaßen ein modernes Europa im Kleinen, und lange vor dessen Zeit bilden und sich so weitgehend aus den großen Tragödien des Kontinents zwischen 1848 und 1948 heraushalten. Die für die Schweiz heute als so typisch angesehene *direkte Demokratie* bekam auf Bundesebene erst mit der sogenannten »Totalrevision« der Bundesverfassung von 1874 Verfassungsrang. Vermutlich liegt die mehrheitliche Ablehnung der EU in der Schweizer Bevölkerung auch daran, dass man ahnt, dass sich EU-Europa auf den schweizerischen Weg gemacht hat und, sollte dieser erfolgreich gegangen und abgeschlossen werden, die Schweiz unter einen erheblichen Veränderungs- und Anpassungsdruck geraten würde, da sie dann ihre Exklusivität, ihr nach innen bindend wirkendes »Anderssein« in der Mitte eines vereinten europäischen Bundesstaates, verlöre. Dennoch scheint die Schweiz das einzige funktionierende »föderale« Modell zu sein, das für die europäischen Gegebenheiten als Vorbild passt.

Die europäische Einigungsidee in Gestalt der *Vereinigten Staaten von Europa* wurde zu Beginn der 20er-Jahre unter dem Eindruck des ersten Aktes der europäischen Selbstzerstörung im Ersten Weltkrieg von dem österreichischen Grafen, Schriftsteller und Politiker Richard Nikolaus Coudenhove-Kalergi entwickelt, der auch die Paneuropa-Union gegründet hat. Nach dem Zweiten Weltkrieg und unter dem Eindruck des Kalten Krieges und der sowjetischen Bedrohung Westeuropas wurde diese Idee von einer liebenswerten Utopie zu konkreter Politik der wirtschaftlichen und demokratisch-politischen Eliten im Zentrum Westeuropas. In deren Mittelpunkt stand das Instrument der ökonomischen Integration. Der gemeinsame Markt war dabei immer nur Instrument, niemals aber

Selbstzweck der europäischen Integration, die als ihr Ziel neben der wirtschaftlichen immer auch und zuallererst die politische Integration verfolgte. Die integrierte Wirtschaft sollte vom ersten Augenblick an lediglich die materiellen Bedingungen für die politische Integration Europas schaffen. Die EU wurde eine große Erfolgsgeschichte, die synonym für Frieden und Wohlstand auf dem europäischen Kontinent stand und – trotz Krise – immer noch steht, und solange es im Wesentlichen nur darum ging, fand die EU als demokratisches Elitenprojekt und die ihr zugrunde liegende Einigungsidee eine breite Unterstützung in den Öffentlichkeiten ihrer Mitgliedstaaten. Je größer und unterschiedlicher allerdings die EU durch die verschiedenen Erweiterungsrunden wurde und je mehr der politische und bürokratische Integrationsbedarf zunahm, um wenigstens ein Minimum an Handlungsfähigkeit in dieser erweiterten Union zu garantieren, und je mehr die Erinnerung an die großen Kriege und Katastrophen Europas im 20. Jahrhundert zur Geschichte wurde, desto mehr schwand auch die Legitimation der EU als *demokratisches Elitenprojekt.* Die sich aufdrängende Alternative, nämlich eine europäische Demokratie zu schaffen, die nicht nur über einen nationalen *Demos* verfügt, sondern die Summe der beteiligten Völker der EU und ihrer gemeinsamen Interessen repräsentiert, ist bis heute nicht abschließend gelungen. Sie zu schaffen, würde die eigentliche europäische Revolution bedeuten, denn das wäre der Schritt von einer *Konföderation* (Staatenbund) zu einer *Föderation* (Bundesstaat) und würde die politische Integration Europas vollenden. Faktisch hieße das, eine Neugründung der EU zu bewerkstelligen. Eine echte europäische Demokratie wird aber nicht durch einen großen Willensakt der europäisch denkenden und fühlenden politischen und intellektuellen Eliten allein entstehen können, sie kann nur gelingen, wenn man die gewachsenen Identitäten und politischen Volkskulturen ebenfalls in ein solch europäisches demokratisches Projekt mitnimmt. Ein solcher Schritt wird allerdings ohne die Nationalstaaten – dem Hort dieser gewachsenen Identitäten – nicht machbar sein und er wird weder in einem einzigen Schritt noch gar als Ergebnis aus einem einmaligen voluntaristischen Willensakt gelingen können. Dies aber heißt, dass die nationalen Institutionen der Exekutive und der Legislative konstitutiv in die entstehende europäische Demokratie eingebunden werden müssen.

Auch das *Prinzip der Subsidiarität* (d. h. möglichst alle Entscheidungen, die im Interesse der weiteren Integration nicht unbedingt zentralisiert in Europa getroffen werden müssen, bei den Mitgliedstaaten zu belassen oder gar zurückzuübertragen), über das viel geredet wird unter Europapolitikern – tatsächlich ist aber bisher kaum etwas in diese Richtung geschehen –, wird innerhalb der Schritt für Schritt vorgehenden Methode Monnet im Wesentlichen Theorie bleiben müssen, da es im Widerspruch zur weiteren Integration des gemeinsamen Marktes steht, dem neben politischen Entscheidungen einzigen institutionellen Integrationsinstrument der gegenwärtigen EU-Verfassung. Im Rahmen einer echten europäischen Demokratie hinge-

gen würde die Macht- und damit Zuständigkeitsvertei-
lung zwischen Mitgliedstaaten und Union zum zentralen Thema und die Idee der Subsidiarität mit Leben
erfüllt werden, was wiederum für die Legitimitätsübertragung von den Mitgliedstaaten auf Brüssel von ent-
scheidender Bedeutung sein würde.

Da Vertragsänderungen in diese Richtung mit den
28 Mitgliedstaaten an der bisher erforderlichen Einstimmigkeit scheitern würden, bleibt aus den angeführten Gründen als handelndes Subjekt nur die Eurogruppe mit dem Instrument der zwischenstaatlichen
Verträge, um einen entscheidenden Zwischenschritt
von vermutlich längerer Dauer zu verwirklichen. *Die
Fortentwicklung der Gruppe der Staats- und Regierungschefs zu einer Regierung der Eurozone* – als Zwischenschritt, denn eine direkte Wahl der Kandidaten
für eine Regierung der Eurogruppe durch die Euro-
kammer analog dem Schweizer Vorbild wird wohl
nicht unmittelbar machbar sein – und die Bildung einer eigenen parlamentarischen Vertretung, einer *Euro-
kammer,* proportional zusammengesetzt aus den ent-
sandten Vertretern der nationalen Parlamente, wäre
der richtige Schritt. Eine solche Kammer wäre zustän-
dig für den engen, gleichwohl aber wesentlichen europäischen Bereich, in dem die nationalen Parlamente
und ihre Vertreter nach wie vor über die Souveränität
verfügen, also vor allem in Haushalts-, Finanz- und
Wirtschaftsfragen und in allen Fragen der Subsidiarität,
d. h. der Machtverteilung zwischen den Mitgliedstaaten
und der Union, und in europäischen Verfassungsfra-
gen. Dies wäre ein großer Schritt in Richtung einer eu-

ropäischen Demokratie, wenn auch zu Beginn und gewiss für eine längere Zeit reduziert auf die Gruppe der Mitglieder des Euro, aber so könnte eine neue europäische und zugleich demokratische Wirklichkeit entstehen, die die gesamte EU im Laufe der Zeit in diese Richtung transformieren würde. Langfristig wäre dies für die EU 28 der Beginn einer Zwei-Kammer-Realität und nicht die Abschaffung des Europaparlaments, das im Rahmen der europäischen Verträge und auf dem Boden des europäischen Rechts seine volle Zuständigkeit behalten würde.

Für einen solchen Schritt echter Souveränitätsübertragung – und sei es auch nur im Rahmen der Eurogruppe und auf dem Wege eines zwischenstaatlichen Vertrags – wäre dann allerdings eine direkte Legitimation durch das Volk mittels eines *Referendums in allen beteiligten Staaten* (auch und gerade im referendumskritischen Deutschland!) gewissermaßen als demokratische Gründungslegitimation unverzichtbar: An dieser Hürde wird für die Gründung einer gemeinsamen europäischen Demokratie kein Weg vorbeiführen, weil ansonsten deren zentrales Problem der *Legitimität* und *Legitimation* nicht gelöst werden kann! Ohne die Nationalstaaten und deren gewachsene demokratische Legitimation durch ihre tradierten Institutionen und ihre politische Kultur, die ihren jeweiligen Bevölkerungen wohlvertraut sind, kann diese entscheidende Legitimitätsübertragung allerdings nicht gelingen. Ganz entscheidend wird dabei sein, dass in diesem Prozess die Bürger dieser Staaten zugunsten der gemeinsamen europäischen Demokratie nichts Erprobtes und Vertrautes zugunsten einer vagen Zukunft aufgeben müssen, sondern dass sie ihre bewährten Institutionen nach Europa mitnehmen und diese dort als entscheidende Akteure einer gemeinsamen europäischen Demokratie behalten können!

Die bisher erfolgreiche *Methode Monnet* – »der Weg ist das Ziel«, während man die Ausgestaltung des Zieles auf später vertagt, d. h. schrittweises Vorantreiben der politischen Integration durch weitere wirtschaftliche Marktintegration, ohne sich dabei allzu große Gedanken über die Form der endgültigen Ausgestaltung der Union zu machen *(Finalität)* – hat, auch das eine Erkenntnis der jüngsten Krise, ihren Endpunkt erreicht. Es ist bereits heute sichtbar, dass mittels der tradierten Methode Monnet weder das Legitimitätsdefizit der europäischen Institutionen geschlossen noch der Schritt zu einer europäischen Demokratie wirklich gemacht werden kann, da sich diese Methode ganz offensichtlich in einem Zirkelschluss verfangen hat: Je weiter die Marktintegration voranschreitet, die ja fast der alleinige Hebel der Integration ist, desto mehr droht dieser durch immer mehr Bürokratie »überlastet« zu werden und so die politischen Widerstände gegen die Integration noch zu verstärken, da Brüssel immer tiefer in den Alltag der Bürger »staatsgleich« einzugreifen scheint, ohne dass die Bürger das Gefühl der demokratischen Beteiligung oder gar Kontrolle haben. Für die Bürger ist aufgrund ihrer Alltagserfahrung mit Europa bereits heute »der Weg nicht mehr das Ziel«, sondern sie vermeinen schon die Folgen einer Finalität zu verspüren, die sie weder kennen noch demokratisch kontrollieren.

Die Reaktion darauf ist ein Gefühl von Entfremdung und »Entdemokratisierung«, was zu einer Abwehr von »mehr Europa« aus legitimen demokratischen Instinkten führt. Mit einem einfachen Abwarten seitens der Politik wird sich dieses Dilemma nicht lösen lassen, die Ablehnung Europas von unten würde nur noch mehr zunehmen. Nur wenn es der Politik gelänge, diese Demokratisierungslücke der EU durch mutige Entscheidungen zu schließen (wofür gegenwärtig allerdings wenig spricht), ließe sich dieser voranschreitende demokratische Vertrauensverlust umkehren.

Die Europäische Union steht vor der größten Herausforderung ihrer Geschichte, nämlich vor der Beantwortung der Frage, wie ihre Finalität eigentlich aussehen soll und wie der Prozess gestaltet werden muss, um dorthin zu gelangen. Angesichts der Doppelkrise, in der sich die EU und vor allem die Eurogruppe gegenwärtig befinden, ist eines gewiss: Ohne volle politische Integration zumindest der Eurogruppe in der kommenden Dekade wird das gesamte Gebilde namens EU von gefährlicher Schwäche und vom Zerfall und Scheitern bedroht bleiben und seine Attraktivität weiter verlieren. Man kann der Antwort auf diese Herausforderung der notwendigen Finalität zu entgehen versuchen, wie es die europäischen Regierungen seit Jahren tun, aber tatsächlich entkommen kann man ihr nicht, denn es ist die Schicksalsfrage Europas, die Krisen werden unerbittlich nach einer Antwort verlangen. Volle politische Integration aber heißt unter anderem: gemeinsame Regierung, gemeinsames Parlament, gemeinsame Fiskalpolitik und ein gemeinsamer Schuldenmechanismus, Energieunion, gemeinsame Sicherheits- und Außenpolitik und eine die Bürger einbindende echte europäische Demokratie, ein europäischer Bundesstaat also, nicht mehr und nicht weniger – die *Vereinigten Staaten von Europa*. Dass all dies tatsächlich auf eine Neugründung der EU hinausliefe, ist nur schwerlich zu verneinen.

Ein vorläufiges Schlusswort

Die Jahre zwischen 2009 und 2014 werden sich im Rückblick für Europa und den Westen insgesamt als eine transformative Zeit erweisen. In diesen Jahren wurde vor allem Europa mit zwei existenzbedrohenden Krisen konfrontiert: einer *inneren Krise* in Gestalt einer Finanz- und Wirtschaftskrise, die in Wirklichkeit eine schwere *Souveränitätskrise* innerhalb der Eurogruppe und der gesamten EU ist; und einer *äußeren*, einer *strategische Sicherheitskrise*, verursacht durch die russische Aggression in der Ukraine, den kollabierenden alten Nahen Osten und den Flächenbrand einer neuen Barbarei in Syrien und Irak, einer Krise, die schon längere Zeit, unter der Oberfläche verborgen, vorhanden war. Europa hatte es sich erlaubt, seine politische Integration auf die lange Bank zu schieben, sich in Sicherheitsillusionen zu wiegen und die harte Realität seiner Sicherheitslage weitgehend auszublenden.

Beide Krisen führten zur Wiederkehr historisch scheinbar überwundener Bedrohungen. Zwei Dämonen des alten europäischen Staatensystems, die durch die EU besiegt zu sein schienen, *Krieg* und *Hegemonie*, kehrten nach Europa zurück. Sie werden den Charakter der Europäischen Union verändern, da diese fortan sehr viel mehr als in der Vergangenheit auch eine machtpolitische Dimension bekommen muss. Andernfalls wird die Rückkehr dieser beiden Dämonen zu ihrer Zerstörung beitragen.

Die äußere Krise konfrontierte Europa mit der Rückkehr von Krieg und Kriegsgefahr und der Bedrohung durch eine erneuerte russische Hegemonie, zumindest in Osteuropa. Die Politik Putins setzt auf gewaltsame Grenzveränderungen, um die Ergebnisse des Jahres 1991 zu seinen Gunsten revidieren zu können.

Diese neoimperiale Politik ist eine strategische Kampfansage an die heutige europäische Staatenordnung, d. h. an die EU, die auf Freiheit, das Selbstbestimmungsrecht der Völker, auf die Unantastbarkeit der Grenzen, Verzicht auf Einflusszonen und Gewalt, auf die Herrschaft von Demokratie, Recht und Vertrag setzt. Putins Kriegspolitik ist nicht nur eine direkte Gefahr für die Ukraine und andere Osteuropäer, sondern auch für die EU als europäisches Projekt und damit für den Westen insgesamt.

Die innere Souveränitätskrise Europas brachte völlig unerwartet eine hegemoniale Herausforderung mit sich, die sich allerdings eher naturwüchsig aus dem ökonomischen Krisenverlauf ergab und nicht das Produkt eines politischen Planes war: Das seit fast zweieinhalb Jahrzehnten wiedervereinigte Deutschland ist aufgrund seiner wirtschaftlichen Stärke in der Wirtschafts- und Finanzkrise unwillentlich erneut zum europäischen Hegemon aufgestiegen, damit hat Europa wieder ein deutsches Problem.

An der nur auf den ersten Anschein hin abstrakten

Frage, ob es in Zukunft auch weiter um ein *europäisches Deutschland* gehen wird, wie es die Bonner Republik immer gewollt hat, oder nicht doch um ein *deutsches Europa*, wie es zahlreiche Kritiker der Wiedervereinigung vor allem in den europäischen Nachbarländern immer befürchtet haben, wird sich die Frage nach der Überlebensfähigkeit des europäischen Projekts entscheiden.

Diesmal geht es innerhalb von EU-Europa nicht um militärische oder politische Vorherrschaft, sondern darum, ob Deutschland als europäische Zentralmacht seiner europäischen Berufung verpflichtet bleibt, d. h. seine wirtschaftliche Stärke gemeinsam mit Frankreich zugunsten der europäischen Integration einsetzt, oder ob es Europa nur noch als Rahmenbedingung für die Durchsetzung seiner eigenen Interessen ansehen wird. Wenn die erste Option weiter gilt, wird man sich um die Zukunft der europäischen Einigung keine Sorgen machen müssen, im Falle der zweiten Option würde man allerdings ernsthaft mit einem Scheitern des europäischen Projekts rechnen müssen.

Dieser Prozess hat bereits schleichend im Jahr 2009 begonnen, als sich die damalige Regierung Merkel für eine nationale Krisenlösung und gegen einen gemeinsamen europäischen Ansatz entschieden hatte, wie immer in aller Unschuld und Naivität und ohne jede böse politische Absicht. Objektiv war dies dennoch der Beginn jenes Renationalisierungsprozesses, der seitdem die EU in ihren Grundfesten bedroht. Wenn dieser Prozess nicht angehalten und in Richtung einer verstärkten politischen Integration umgedreht wird, dann wird es sehr schwer, sich vorzustellen, wie die Währungsunion und damit auch die EU auf mittlere Sicht zusammengehalten werden kann.

Gewiss, der gemeinsame Markt, die Wirtschafts- und Währungsunion, die politischen Alltagsrealitäten des gemeinsamen Europas über die vergangenen Jahrzehnte und zwei Generationen hinweg sowie die Institutionen und das Recht der EU wiegen schwer. Aber eine anhaltende Renationalisierung in Verbindung mit dem Kampf gegen eine deutsche Wirtschaftshegemonie werden die EU zerreißen. Insofern ist die »innere« Krise der EU wesentlich gefährlicher als die »äußere«. Denn der Außendruck wird zu mehr Zusammenhalt führen, die innere Renationalisierung und hegemoniale Entwicklung aber zur weiteren Zersetzung der Union.

Noch nie war das europäische Integrationsprojekt daher so gefährdet wie heute, im Sommer 2014. Gewiss haben fast alle großen Nationen ihre Probleme mit dem europäischen Einigungsprojekt. Die Schwierigkeiten Italiens und Frankreichs mit grundlegenden wirtschaftlichen und politischen Reformen sowie Großbritanniens Grundsatzproblem mit seiner Mitgliedschaft in der Union sind dafür schlagende Beispiele. Aber keine dieser großen und alten Nationen steht unter Hegemonieverdacht und befindet sich zurzeit in einer vergleichbaren Führungsrolle innerhalb der EU wie Deutschland. Genau deshalb wird es erneut ganz entscheidend von Deutschland und seinem unverzichtbaren Partner Frankreich abhängen, welche Richtung Europa einschlagen wird, ob es am Ende scheitern wird oder doch die Vereinigten Staaten von Europa entstehen werden.